U0906094

言语之碗

改变不当说话习惯
真正解决沟通困境

放空自己
容纳他人

[韩] 金允那◎著
潘政旭◎译

中国财富出版社有限公司

图书在版编目（CIP）数据

言语之碗：改变不当说话习惯　真正解决沟通困境 /（韩）金允那著；潘政旭译 .—北京：中国财富出版社有限公司，2021.12

ISBN 978-7-5047-7638-9

Ⅰ . ①言…　Ⅱ . ①金…　②潘…　Ⅲ . ①语言艺术—通俗读物　Ⅳ . ① H019-49

中国版本图书馆 CIP 数据核字（2022）第 008033 号

著作权合同登记号　图字：01-2021-6158

< 말그릇 >(A Vessel of Humanity That Fills Up More People As It Empties)
Text Copyright © 2017 by Kim Yun Na
All rights reserved.
The simplified Chinese translation is published by CHINA FORTUNE PRESS CO., LTD. in 202X,by arrangement with CASSIOPEIA PUBLISHER through Rightol Media in Chengdu.
本书中文简体版权经由锐拓传媒取得 (copyright@rightol.com)。

策划编辑　张彩霞　　**责任编辑**　张红燕　郭　玥　　**版权编辑**　刘　斐
责任印制　梁　凡　　**责任校对**　张营营　　**责任发行**　杨恩磊

出版发行　中国财富出版社有限公司
社　　址　北京市丰台区南四环西路 188 号 5 区 20 楼　　**邮政编码**　100070
电　　话　010-52227588 转 2098（发行部）　010-52227588 转 321（总编室）
010-52227566（24 小时读者服务）　010-52227588 转 305（质检部）
网　　址　http://www.cfpress.com.cn　　**排　　版**　宝蕾元
经　　销　新华书店　　**印　　刷**　宝蕾元仁浩（天津）印刷有限公司
书　　号　ISBN 978-7-5047-7638-9/H · 0162
开　　本　710mm × 1000mm　1/16　　**版　　次**　2022 年 4 月第 1 版
印　　张　15.75　　**印　　次**　2022 年 4 月第 1 次印刷
字　　数　177 千字　　**定　　价**　58.00 元

版权所有 · 侵权必究 · 印装差错 · 负责调换

肺腑之言，深入人心

序 言

冷语冰人

“他怎么能这么说呢？”

有时候，我们面对那些不分青红皂白的领导，以“忠言逆耳”为由伤我们心的朋友，或者恶语相向的亲人时，真的很想问他们一句：“你非要用这种方式说话吗？”但反过来想一想，说不定我们自己就曾经无数次地用言语伤害过爱我们的人，冷过关爱我们的心。说不定你现在就在懊恼昨晚说了口是心非的话，反思自己是不是做得有些过分。

为什么即便我们已经上了年纪，却也不能把话说得得体呢？

哪怕是无心之言，一旦出口便会在他人的心中引起波澜。比如，领导对你说：“你要是这样就别干了。”这句话也许能让你夜不能寐，但是一句“相信你会解决好”就能让你撸起袖子加油干。可见良言一句三冬暖，恶语伤人六月寒，语言的力量是非常强大的。当我看到饱经风霜、满脸皱纹的老人回忆儿时听过的勖勉之语而老泪纵横的时候，当我看到父母亲在儿女长大成人后仍无法释怀“当时孩子们为什么要跟我说那些话？”的时候，我切实地感受到了语言强大的生命力。

最令人感到惋惜的是，当我们意识到自己的错误而深感自责的同时，却继续放任自己延续这种错误的沟通习惯。多数人会自我安慰道：“我就是这样的人”“他早晚会理解我的”。这种心理会让我们产生回避问题的惯性。直至我们发现由于言语不当而使亲密关系日渐疏远时，或者我们成为管理层需要指导员工时，或者作为父母需要教育子女时，才会开始寻求良好的沟通方法。但这种临时抱佛脚学来的方法在关键时刻很难及时发挥出有效的作用。

在工作上，我们都明白新人需要鼓励的道理，但看到他们沟通不畅的样子就气不打一处来，有些批评的话语不吐不快。同样，在教育上我们也明白孩子需要谆谆教导，但面对在马路上撒泼耍赖的孩子还是会暴跳如雷。在某些容易发生情绪波动的场合，那些刻意学来的轻言细语很难战胜长久以来养成的语言习惯。

是什么原因导致我们“改变语言风格”的决心成为泡影呢？作为一名具有10年经验的沟通专家，我深刻地感受到一个人想改变自己的一句话是一件多么困难的事情。因为这里所谓的“一句话”不是技能，而是你每天堆砌起来的习惯。我们在生活中的所见所闻与感知，经打磨后形成的习惯会成为我们特有的语言方式，它代表了我们的思想和性格，所以只掌握说话技巧是无法养成新的语言习惯的。

要想改变说话习惯，我们不能把重点放在“言语”的文字或者内容上，要窥探内在的自我。与其费尽心思寻找合适的用词，不如从说话人的真实想法出发，明确我们为什么想说这些话，我们想让对方感受到什么。

你是否有难以抑制情感，从而出口伤人的时候？或者你是否有被他人的言语伤害到的时候？如果你了解影响语言和语气的心理原因，就会明白自己的言语为什么会伤人，明白自己为什么会对别人的言语那么敏感，从而学会更好地运用语言。

我们假设有一位爱批评人的领导，就算他能熟练地使用各种表扬的技巧，他的言语就会改变吗？比起关注他是否懂得这些技巧，我们更应该关注他体会情感的方式，观察他人的角度，以及他的成长环境等因素，从而得知他为何会形成现在的说话模式，这样才能够了解他将来需要改变的地方。我想把这种变化的过程称作“塑建言碗的过程”。

每个人都有一只盛载语言的碗。碗的大小决定了一个人的说话水平，决定了一个人与对方关系的深浅。言碗大的人不会说感人或利用他人的话，更不会说尊己鄙人的话。他们为了达到良好的沟通效果，会克服困难使用一些体谅对方的言语。很自然地认可和接受人与人之间的差异，在沟通陷入困境时会持续寻找解决的对策。

每个人都渴望得到他人的认同。在追求成功的道路上，总会向往有一个能够驻足休息的港湾。失败的时候，人的内心更希望得到他人对自己曾经努力的认可而不是指责。失误的时候，更希望他人耐心地等待自己重获勇气，再接再厉。在面临挑战的时候，比起对自己能力的质疑，更希望得到他人的全力支持。所以能充分理解这种需求的人，也就是言碗大的人，身边必然会聚集很多的人。

这本书所讲述的内容不仅是让你思考如何把话说得好听，更是让你审视一下自己的言碗，教你如何把它打造得深而坚固。这个过程与培养“了解自己，理解他人”能力的方法一脉相承。

本书共有五章。第一章主要讲述了言碗的意义。第二章剖析了塑建言碗需要了解个人的情感、模式及习惯。随着了解的深入，能够发现妨碍语言成长的绊脚石。第三章、第四章主要介绍了言碗大的人使用的“沟通”技巧。表达心意最直接的方法是沟通，但沟通技巧不佳的话，很容易导致他人关闭心门。此处着重讲述了“沟通”技巧中最基本的，也是最重要的“倾听”及“提问”的方法，以及如何通过这两种方法练习“少说话也能把对方引入正题”的能力。第五章主要思考“善解人意”的含义，反思自己是否能对说出的话负起责任，了解人际关系沟通中需要思考哪些方面，从而理解人与人之间性格的差异。

语言是体现一个人人品的最好形式。适当的时候说合适的话，少说后悔的话。希望你不要因失言而失人心，希望你能用言语挽救一个人，造就一个人。即便是你不在场的时候，你的言语也能游走于他人的心中。所以，真心希望你成为能够真正驾驭言语的人，在日常生活中不要因为言语陷入孤独。

目　录

第一章
因为言语而陷入孤独的人

CHAPTER 1

言如其人

“我真心地劝你不要那么做。”

“……我知道自己有问题。”

“不论有多困难，只要你振作起来就能挺过去。”

“我明白这个道理……”

“不是我说你！你怎么到现在还执迷不悟！”

“怎么连你也这么说我？”

“也就是我才跟你说这些。”

当我们好不容易向朋友敞开心扉倾诉烦恼，朋友却是这种反应，换作各位读者会怎么想？仔细想想朋友说的话都对。但奇怪的是，我们听到这些话心里却不是滋味儿，早知如此，就不跟朋友诉苦了。如果朋友之间几次三番地出现这种对话，那么我们将再也不会向这个朋友诉说任何烦恼了。

因为无论怎么冠冕堂皇地包装成“为了你好”，实质上还是在说“问题在于你”“是你太懦弱”。比起倾听我们的苦恼，感觉朋友更想通过这个机会教育我们。

在职场上亦是如此。如果遇到语气强硬、习惯性指责下属的领导，就会经常发生这种对话：

“你就这点儿能力嘛！我得说几遍你才能明白？”

“对不起，我认为……”

“够了！是你有经验还是我有经验？我这么说都是有原因的。”

“但是……”

“以后做好我交代的事就行了。”

“……”

习惯以这种方式说话的领导，地位越高越固执。其独断专横的说话方式，会导致下属都尽量回避他。然而他本人却意识不到这一点，渐渐地会被下属孤立。越亲近的人之间越容易产生“我对你错”的指责，尤其是夫妻之间。

“跟你结婚真是我瞎了眼。”

“你什么意思？”

“你为这个家付出了什么？不就是上个班嘛！”

“难道我很悠闲吗？你看不见我为了养家糊口付出了多少努力吗？”

“只有你很辛苦吗？每个人不都一样嘛！”

“算了，不跟你说了，我对你无话可说！”

发生矛盾的时候，通过攻击对方的缺点和底线平息自己怒气的人，会不知不觉间触动对方的弱点，所以说的话越多，情况就会变得越糟糕。而且，这种说话习惯也会体现在亲子关系上。

“你能不能好好学习，到底随了谁？”

“妈妈你能不能别天天就知道说学习学习的。”

“我是为了自己吗？这不都是为了你好啊！”

“妈妈眼里只有学习吗？我在你眼里不如学习重要吗？”

“你现在还小，等你长大了……”

“啊，我不听，算了。我跟你说不通！”

越是亲近的人之间，说话时越容易越过底线。因为对亲人说话时，觉得没必要在说话前仔细斟酌要表达的情感和言语，所以什么话都毫无忌讳地脱口而出。亲人之间的话语杀伤力最大。出口伤人的人转身就会忘记说过的话，被伤害的人却经久难忘，一句话如同芒刺一般深深地扎在心中，留下难以磨灭的痕迹。小时候因为父母严厉又无心的指责而受过伤的人，长大后会有很大的概率以同样方式对待自己的孩子。

读到这里，你的脑海中有没有浮现出某个人呢？

又或许，你是不是他们中的一员呢？

如果你因为言语和他人的关系变得疏远，或者自尊心受到过伤害，又不知道应该从哪里做出改变的话，我建议你仔细审视自己的日常言语。

你之所以会“那样说话”的原因

“他们为什么要说那样的话？”

“我跟他说不通！”

“我经常说完就后悔……怎么办？”

“怎样才能和别人相处融洽？”

“不想受伤害的话，我应该怎样做？”

因为职业的关系，我经常接触到那些饱受言语困扰的人。有些人愤怒，有些人控诉，有些人自怨自艾，还有些人认为独居才是最佳的生活模式。从这些现象不难看出语言肩负着各种重担和伤痛。

为什么我们饱受言语带来的创伤还是要接触别人，要与之沟通呢？为什么不放弃沟通呢？那是因为我们需要在人际关系中获取安全感和归属感，获得安慰和勇气。这是人类的本能。即便人们每次对话的内容都不同，但内心所需始终不变。

但是，最近很多人把“说话”和“主导权”画上了等号。他们把话语权当作一种权利，陷入了想控制别人的旋涡中。因为他们通过不停地改变和调整言语，把话题引向自己所希望的方向，所以他们的言语丝毫不顾及对方的感受。如果说话不是为了关心新人，而是以数落他为目的；不是为了倾听孩子的诉求，而是当作责骂他的手段；不是为了抚平朋友的伤痛，而是作为教导他的工具，那么你身边的人必然会离你而去，剩下的只有你苍白无力的声音。

“控制性语言”维系不住人际关系。人们都偏向保持自己的独特性，如果想用外力强迫对方做出改变的话，关系便会随之破裂。或许出色的口才能掩饰你想隐藏的心思，但是你对话语权的欲望会在不知不觉间尽显无遗。

维系人与人之间关系的语言不是“控制性语言”。

“是啊，你一定很不容易，辛苦了。”

“那是人之常情。”

“需要我的帮助吗？”

像这样，多说尊重对方并与之产生共鸣的激励性语言，才会促使良好的人际关系生根发芽。

让我们一起回想一下。

你正在使用什么样的言语？

你是想要话语权还是想要真正的沟通？

一个叫“真心”的陷阱

与身边的人沟通不畅而感到烦恼的人还有一个特点，就是经常使用“真心牌”表达自己的情感。虽然话里包含着“因为我们关系好，我才会这么说，你不要误会”的意思，但遗憾的是“真心”一词用得越多，其诚意就越少。

过于强调“真心”的人经常说“因为你是我带的新人”“因为我们是一家人”“因为我们都认识很多年了”，从而要求对方体谅自己。此类人说话的目的不在于传达真心，而是通过“你懂我心意”的方式含糊自己的意思，导致对话的另一方为了辨别话语的真假而筋疲力尽。另一方长时间重复理解与误会、惋惜与失落的过程，终究会在某一瞬间再也无法忍受爆出一句“到此为止吧！”我看过很多夫妻之间、亲子之间、好友之间陷入“真心”的危机而变得疏远的情况。

如果水管生锈的话，即便是经过过滤的纯净水，从水龙头流出来后仍是锈水。听者不理解说话者心意的话，会埋怨地说：“为什么这么对我！”相反，说话者也会伤心地说：“我尽力了，为什么不理解我的心意。”其实发生这种情况，双方都很委屈。

世上有三种“关系”，一是与自我的关系，二是与他人的关系，三是与世界的关系。这三种关系紧密联系在一起，相互影响着。而言语就是体现自己与这三种关系如何相互作用的工具。也就是说话者通过言语判断如何看待自己，如何与他人建立关系，如何看待世界。因此，如果你的言语没有体现其价值的话，不仅无法让自己满意，也无法成为他人的好前辈、好父母或好朋友，当然也无法从更广阔的视角看待和理解世界。

这就是我们为什么要审视和管理“自己的言语”的原因。从现在也不迟，你不应该放任自己的言语。若不想你的真心被弃如敝屣，你必须审视自己的言语是否恰当，意思是否清晰明确。

言碗大的人

“如果现在有个15岁的少女说自己要马上结婚，你想对她说些什么？”

请你好好思考一下这个问题，你会跟少女说什么？如果她是你的女儿或学生，你又会说什么？

1980年年初，在一个非常有趣的“柏林智慧范式”(Berlin Wisdom Paradigm)实验中，第一次提出了这个问题。研究人员为了查出“有智慧”的人都具有哪些特征，向实验对象抛出了这个问题。随之，他们发现收上来的答案大致分为两类。

一类是：“不行，不行。15岁就结婚，是不是疯了？”

另一类是：“这个问题看似简单实则不然。所有人都会反对15岁就结婚，但是凡事都有特殊情况。如果是她命不久矣了呢？如果她在这个世上是孤儿呢？又或者她身处在早婚的文化氛围之中呢？所以，最重要的是在张口劝导她之前应该先与她沟通一番，要先了解她的情感、心情以及所处的环境。”

此研究收录在《是什么使他们更具有智慧》这本书里。

此节中指出，在面对无法理解或常人无法接受的情况时人们也要懂得控制情绪。懂得摒弃固有观念，看清局面后表现出从容的态度才是贤明之人所具有的特点。

我把这种能够考虑周全、从容应对的人称为“言碗大的人”。也就是碗中所盛载的言语富足，沟通能力较强的人。言碗窄而浅的人心直口快说话不假思索，言碗宽而深的人说话会思考环境和人的因素，甚至会把自己作为旁观者的立场考虑清楚再开口说话。这不单纯是说话技巧的差异，这是生活中形成的言碗的差异。

一个人所使用的言语既代表人格又代表人品。因为当你听到一句话时，你能够推测到它的出处、背景和历史，所以它最能体现一个人的内在修养。要想更好地塑造言碗，首先得充实自己的内在。

小言碗vs大言碗

	盛载言语的空间不足
	容易失言
	冗词赘句很多
	能够充分地盛载言语
	说话谨慎
	会说重点

言碗如同一个人的胸襟。言碗大的人有足够的空间装得下别人所说的话，能够从头至尾倾听他人的诉说。所以他们不会以“事情不是那样的”“你不了解情况”“你听我说啊”等形式打断别人的发言。反倒会用“原来如此啊”“你再说说

看”“对此你怎么认为？”等反应让对方打开话匣子。

我们不要因为口才不好就一味地只做听众，也不要在对话中抱有一种“你爱说什么说什么”的无所谓态度。因为只有听者能理解每个人性格存在的“差异”和“特点”，才不会去挑剔对方的用词，讽刺对方的口才。如此才能缓解对方不安的情绪，使他敞开心扉。因此人们与言碗大的人对话时，会感到很舒服。

言碗大的人不会轻易被言语动摇。因为他们懂得区分言语和个人，无论对方用怎样刻薄的言语攻击自己，都不会因此质疑自己。他们会在心中想着“不能因为你的指责和埋怨，我就变成别人的样子”“你的话伤不到我”。人们想要努力做到心口如一，言行一致。我赞同言语只是工具，不是事情本质的观点，所以我不会因为他人愤怒的言语而丧失理智。就算一时被他人言语所激，也能马上调整好心态。我不会在某件事上轻易劝人善，也不会去添油加醋歪曲事实本来的样子。比起张口说话更重要的是找出对方言语中隐藏的情感、背景及各种信息。人们只有对言语内容胸有成竹，才不会因小事而乱了阵脚。

还有，言碗大的人不会轻易外传听到的话，明确知道什么话能说，什么话不该说。不会与人做“告诉你个小秘密”“你不要跟别人说哦”“就你知道就好”之类的约定。

如果这种人面临必须表明态度的情况，一定不会犹豫，会干净利落并准确地表达自己的想法，会在必要的时候说出有分量的话。这与表达能力强不一样，这不是技巧而是一种气势，可能会俗气但不轻浮，不华丽却很扎实。所以才会让人们愿意洗耳恭听，这正是语言的魅力所在。

反之，言碗小的人内心焦躁，等不了对方把话说完。因为自己想说的话就快溢出言碗了，所以总会打断对方的发言，还会使用夸张的言辞，说话模棱两可并暗藏玄机。起初被他的花言巧语吸引的人，听久了便知其言语空洞乏味，继而转身离去。

言碗小的人总是习惯性地使用评价或谴责性的言语。喜欢把自己的意见包装成“我跟你说的是客观事实”“大家都这么认为”之类的话，事实上“对与错”的标准都是他自己定的。

与此同时，当他自己受到指责和批评时，完全接受不了别人的话，刚听个开头就会说“别说了，我也不容易”“我这么做都是因为你”之类的话，把责任推卸到别人身上。因此，言碗小的人容易被他人的言语煽动，不但不能安抚他人的情绪，还有可能会临阵脱逃或先发制人。因为他只想着表达自己的情感、状态和立场。

此类人不努力思考对方言语中隐藏的本意，不为了人而说话，而是为了说话而说话。

此类人的言语本身没有力量，但他会死缠烂打直到言语产生作用为止，在这期间言语会变得过激，时常发生失控的情况。所以，无论此类人开始对话的意图多么美好，最终没有几句话是被对方所接受的。

即便最后产生不被人接受这样的结果，他们也会认为是“因为自己口才不好”“因为他不了解我”才会发生不愉快的情况，他们仍然意识不到自己的言碗太小。

言其所思

在生活中，我们会遇到形形色色的人。

“上班好累，也不知道这个工作适不适合我。我现在好想辞职，但自己会做的事情只有这些，也不敢随意辞职。”

曾经的我向他人吐露这些苦恼的时候，得到了各种各样的回复。

有人会讽刺我说：“身在福中不知福。我以前比你更难，别跟我谈适不适合，每个人都是为了养家糊口。现在的人都不懂得珍惜。”还有些人会打断我的话，说道：“别说废话了，再坚持三年，听我的你才不会后悔。”但是真正能够引起我内心共鸣的话是：“原来如此啊，你认为工作不适合你的话，肯定没有动力，很辛苦吧！”对方的这句话中没有任何偏见，理解我的内心，让我有勇气继续深入话题。

在生活中，当我们向他人寻求建议时，经常会重复出现这种情况。

“我在想要不要生第二胎。如果再生一个的话，我几乎没有信心在照顾孩子的同时兼顾我的工作。但是只要一个孩子，我又怕孩子孤单。”

此时，得到的回答也是千差万别。

“一个孩子就够了，对于职业女性来说养两个孩子太辛苦了，会累死的！”

“必须要两个孩子，我生过才知道。虽然眼下很累，但如果养两个孩子的话，以后生活会更好，趁着年轻赶紧生吧！”

但是也有人问道：

“你明知道很累，为什么不放弃生第二胎的想法呢？”

这个人没有正面回答我的问题，反而向我提出了问题。她并没有以过来人的姿态直接给出答案，而是通过反问的形式帮助我厘清了想法。

有些人往往是根据自己的经验向他人提出建议，他们虽然是想真心帮助他人，但是多数情况下只是在说自己的事情。相比启发求助者寻找埋藏于内心的答案，他们更多的是在说自己认为正确的意见。

当有人说出埋藏于你内心深处的话时，你才会向这个人打开你的心窗。当有人帮助你好好思考人生中的重要决定时，当有人以温暖细腻的方式关怀你时，你会从这些言语中得到力量。

碟子盛不了汤，浅碗装不下“言”。虽然“口才”是让人垂涎的能力，但随着年龄的增长和人际关系的复杂，我们需要的是有深意的话，而不是动听的话。通过言语发挥影响力之前，需要先学会心中容得下他人。

成功需要努力

每个人的内心都会装着一些令自己后悔的话语。例如，没必要的攻击性话语、表露自己狭隘内心的话语、禁不住情感一时控制脱口而出的话语、夸张而又牵强的话语等。说完这些话后，一整天都会责备自己："我只会说这种话吗？""我为什么会说这些话？"想要提高自己的口才，就需要不断努力。没有任何成功是不需要努力的。

有一次，我和丈夫与前辈夫妻两人共进晚餐。在共进晚餐的两个小时里，我们一直在听前辈讲自己的事业有多顺利，孩子们学习有多好，大房子有多舒适……我们只能不断地点头，我的视线也不自觉地看向了手表。

晚餐结束后，在回家的路上我问丈夫：

"亲爱的，难道前辈夫妻俩对我们的近况一点都不好奇吗？"

我在不久前去的陶瓷工作坊里明白了如何提高沟通能力。

因为制作陶瓷是我出于兴趣才开始的，所以觉得很简单，哪曾想捏土制作碗并不是件容易的事情。如果随便捏土的话，捏出的碗不是底部凹凸不平，就是形状参差不齐。再加上动作慢的话，泥团上就会出现裂纹。这时老师对满头大汗的我说了这样的话：

“因为泥土的特性，泥塑的时候经常会产生细小的缝隙或小孔，并出现裂缝。如果这时候嫌麻烦不管的话，不仅外观会变形，烧制的时候一定会裂开，变成盛不了东西、没有用的残次品。泥塑的制作过程中最重要的是基础。看到缝隙就要马上用手捏合，出现小孔就要一个不漏地补好，还需要揉除不必要的气泡。越是下功夫揉捏，烧制的碗就会越坚固，这样后续才能少辛苦。”

这一刻，我觉得正在泥塑的这个陶碗如同我们的言碗。没有任何东西是一开始就很完美的。不论是谁在生活中都会经历说错话或被言语蒙蔽的事情，甚至会因为不当言语导致关系破裂，从而体会到疼痛。但是只要你下决心用心关注自己的言语，努力改变自己的言语，你的言碗就会得到成长。

若想修补开始出现裂痕的碗，首先要了解裂痕的所在，然后填补其缝隙。如果总在不经意间爆出犀利的言语，那么首先要找到埋藏于内心深处的裂痕，从而弥补言碗的缝隙。

内在小孩

心理学上有“内在小孩”或“小大人”的概念。是指童年受到刺激的孩子在内心创伤没能得到治愈的状态下，虽然身体成长了，但心智还未成熟。

有些人的内心藏着一个十岁的少女，有些人的内心住着彷徨不安的青春期少年。当他们遇到某些特殊情况触发曾经的记忆时，情绪会不自觉地受到触动，其原因在于他们心中的“内在小孩”。

儿童不具备自我认知的能力，通常以自我为中心，陷于黑白逻辑，无法进行抽象性思考。心里藏着内在小孩的人，表现出的言行举止类似于儿童。虽然他们的年龄增长了，但是对于自我认知的理解不足，不了解每个人的立场和处境的差异，听不出他人的言外之意或无法知晓他人难以启齿的实情，虑不及远，只关注眼前自己想做的事情和想得到的东西。

因此，这类人的言语亦是如此。“年长一岁，心长一智”是说一个人的言行举止与年龄相符的意思。但是仔细观察那些一把年纪说话仍然很幼稚的人，就会发现他们还没有摆脱心中的内在小孩。

若想解决问题就要回到心智停止成长的过去，必须重新审视那些若无其事般埋藏于内心深处的往事，这是一个认清自我的过程。这就需要摒弃“即便是痛苦的过往，也都忍了这么多年了，还有必要翻出来吗？”的想法，直到解开心结。

语言习惯亦是如此。如果无意识中使用了错误的表达方式，那么必须重新审视自己使用这些表达方式时的语气是怎样的，表情是怎样的，心态是怎样的。并回想自己是受了哪个人或哪件事情的影响而养成的这种语言习惯，找出心智是在什么时候停止成长的。

虽然吐出一句话只需要几秒钟的时间，但是每一句话中都蕴含着人生的经验。因此，审视言碗的过程，如同理解藏在言语中的自己。如果你已经察觉到自己的言语有不足，那么其根本原因必在你的内心深处。

言随心变

每次接触到想改变语言风格的人时，我都会问以下这些问题。

“你想怎样改变你的语言风格？理由是什么？”

“你说话的语气像谁？为什么那样认为？”

“是否有影响你说话语气的事情？是什么事？”

“在你常说的话中，哪句话最能凸显你的性格？”

“你何时（或者对什么人）总说一些令你感到后悔的话？”

“什么思维妨碍你的言语？”

“别人通过你的言语能获知到什么？”

“你认为你的言语给对方留下了什么？”

“你想通过你的言语表达（或隐藏）什么？”

“截至目前，你为了改变语言（或关系）都做了哪些努力？”

提出这些问题之后，大部分的人心里都会一边想着“我是来学习说话技巧的，怎么问这些？”，一边开始断断续续地讲述自己的故事。最神奇的是，每次对话的开始都是讨论语言的技巧，但不知不觉间大家讲述的都是对过去、现在和未来的想法。像一些埋藏在心底的家庭隐私，无处诉说的职场问题，与朋友或恋人间的矛盾之类的困境会很自然地显露出来。这种长时间的一问一答，有助于找出支配一个人语言习惯的心理因素。

在以往的咨询者中，有一位因下属的工作能力欠缺而导致情绪异常暴怒的领导。哪怕是别人小小的失误，他也会横加斥责。他最开始向我请教：“如何能耐着性子把别人的话听完？”但是经过几次对话后，我发现他儿时缺乏认同感。平凡的自己无法得到父母的认可，只有通过刻苦学习拿出好成绩才会得到表扬。这也是他心中一直以来的痛楚。这种处处夸大和炫耀自己能力的方式，实际是他自卑的另一种表现。

我们就从这一点入手，充分地讨论了他为什么会相信“只有展示力量和能力才能得到认可”的信念。以及“这个信念果真帮助过他吗？”“对他的现在是否有所助益？”“未来该如何改变？”等问题。同时也针对“什么情况下情感最受煎熬？”“每当那时是否有缓解的方法？”“缓解的方法是什么？”等问题交流了意见。

经过充分地解析自己的过程后，我们才开始练习倾听他人想法和尊重对方的沟通技巧。

以往的案例中还有来寻求如何能亲近他人的咨询者。因为这个咨询者凡事太有原则，容易使人产生距离感，所以他想学习能够与人拉近距离的沟通技巧。通过对话我发现，实际上是他自己本身十分抵触这种与他人的亲密关系。我通过解析，发现他幼年时期非常孤独，父母十分刻薄冷漠，与兄弟姐妹都是竞争关系，他才开始意识到他一直被“害怕被拒绝”的恐惧占据着内心。因害怕自己受伤，所以回避或远离他人。他充分认识到这个心理因素，并处理好这个伤口后，我们才开始练习能给人留下好印象的沟通技巧。

我接触过一位因沟通问题备受困扰的中层管理干部。他在工作中无法做到准确地上传下达，在自己组织的会议上也不能很好地发挥领导能力。实际上跟他对话后，我发现他的话很多且缺乏条理。总是反复询问“你刚刚说什么来着？”回答的问题也是答非所问，时而还会说错话。我在“诊断”出这个问题后，首先了解了造成这种情况的内在因素。

他非常在意别人的想法。“我要是这么说，他们会怎么想我？”“我要怎么做，别人才会喜欢我？”由于这种顾虑太多，说话时就会产生停顿，这种停顿又会使他不安。为了填补这类空当儿，他就习惯说一些不必要的废话，导致他无法集中精神或大胆地发言。我们首先探讨了他为什么想成为受欢迎的人以及关于自尊心的话题，决定在他自我审视之后再慢慢练习有效的沟通技巧。

如果观察人们言语变得扭曲的节点，会发现他们心里都有大大小小的伤痕。如果不去抚平这些伤痛，它会在别处生根发芽。经过日积月累，扭曲的部分就会根深蒂固，最终这种

“痛楚”会破土而出，在言语上表现为说一些不自然的话。人们都想改变自己的言语，但是最应该改变的是“为什么要这么做”的自己。揭开言语的面纱，找出深藏其中的原因，就会知道自己该从哪里做出改变。

单纯地学习说话技巧，就如同做快餐一样。速成法有可能会带来一定的效果，因为这是经过验证的料理方法，所以做出来的味道也算不错。只是速成料理法提高不了厨艺，只能作为应急措施。如果言碗里只是装满各种技巧，它最终必会产生裂缝，随着时间的流逝，本质问题便会暴露出来。学来的说话技巧也需要时间消化，要想缩短消化时间，必须在学习技巧前仔细审视自己。

既是作家又是心理咨询师的托尼·汉弗莱斯（Tony Humphreys）在他的《由内而外的管理》一书中提到，只有懂得反思自己的内在，好好经营自己的人，才会成为别人尊敬的人。任何人都有一块心理防御盾牌，防止自己受伤。随着自我反省的深入，认清真正的自我后，不仅可以更认可自己，也能打造出与他人的良好关系。

懂得审视自己的人，在遇到问题时会把视线转向内部，回顾自己的言行，并努力做出改变。同理，要想修补言碗产生的裂痕，就要观察言语的内在，要揪出那个表达言外之意的自己。由此，言碗才会发生改变。

说出自我

语言已经超越了工具的范畴，它伴随一个人成长的过程，贯穿着人的一生。所以不要把语言当作工具，要视如己身一样对待。为此，要给自己留足自我审视的时间，并加以必要的手段。

每次听到这些，人们就会反问：

“为什么要从自我开始改变？”

“为什么要使用成熟的语言？”

“那么做能改变什么？”

每当遭到这种质问，我也会反问自己，为什么要引导人们使用健康的语言？在飞逝的时光中，停下脚步审视自我，打磨言碗的理由又是什么？

前不久，我又重温了一遍葛文德的著作《凝视死亡：一位外科医师对衰老与死亡的思索》，作者在书中引用了哲学家乔赛亚·罗伊斯（Josiah royce）的一段话。

“他想知道人们在安定的环境中，如果只是一味地享乐，为什么会感到空虚和毫无意义？（中略）因为他相信人们都有追求突破自我的志向，他认为这是人类的本能欲望。志向可大可小，重要的是你赋予了它什么价值，能够为它牺牲自我的时候，便是找到人生价值的时候。罗伊斯教授把舍弃自我，为志向奋不顾身称之为‘丹心’。（中略）‘一片丹心’很好地诠释了常人在经历逆境时的恒心。”

在这段文字中，我找到了我们为什么要好好打磨言碗的理由。我们每个人都有一些大大小小的志向，我们能够安于丰衣足食的个人享乐主义，必要时又可为活出有价值的人生而赴汤蹈火。虽然每个人看待价值的标准不同，但它一定是超越自我的行为。

“我想成为一名有助于他人成长的、有价值的人，对这个世界是一个有意义的存在。通过不断努力战胜自我，获得慰藉，得到他人认可。”

每个人都怀有这种希望。所以不用别人督促，到了某个瞬间便会反省自己，朝着更好的方向前进。

心理学家埃利克·埃里克森（Erik Erikson）也曾说过类似的话，他说：“人类从出生到死亡就像走楼梯一样，每段阶梯都有你要克服和解决的重要课题。每当你顺利通过某个阶段时，便会从中获得生存所必要的能力。”

但是从中年到60岁，也就是在成长阶段中最长的时期，会逐渐显出一个重要的概念，那就是“生产性”。这里的生产性是指为了别人，为了后代所担任的角色。包括养育子女、培养新人、服务他人、生产产品、树立理念和理想，对下一代产生积极影响之类的事情。通过这些活动发挥“生产性”，由此获取安慰，获得自我成就感。

在人生每个阶段该有的体验过程中，与他人维系良好的人际关系的人，才能做到留下较少的遗憾。他们会对自己说“虽然也曾有过错误的抉择，但我已尽全力了”来勉励自己。

我们都希望自己能成为一个人格健全的人。在此过程中，为了给自己塑造一只又大又深的言碗而不断努力是多么自然的行为。内心中无法接受“得过且过”的想法，说不定正是人类的本能。

言语是有生命的。它会在人们的心中生根发芽，蛊惑人心，时而使你孤独无助，时而也能撕破你的心防。言语同你一起成长，并会被你的下一代继承。言语不足以展示我所拥有的物质财富，却能明确展示我的为人。

所以，我们只能不断地努力塑造自己的言碗。

“我之前说话犹犹豫豫的，就怕伤害到别人，一点儿自信也没有。但现在不再因为这个问题烦恼了。我现在使用的言语与我性格非常匹配，我感觉到我可以大胆地展现自我了。”

反复打磨言碗的人，他的人际关系会发生变化。与人沟通变得更加顺畅，更懂得倾听，能够在交谈中及时给予对方安慰并与之产生共鸣。最重要的是，他会体会到自己有个相当不错的人缘。

只要你不停下打磨言碗的脚步，久而久之它会增强你的自信，像一份大礼一样回馈你。

第二章
打磨内心的言碗

CHAPTER 2

当我们开口说话的时候，我们的身心都会跟着忙碌起来。原因是每次说话时，不仅我们的身体会有相应的自然反应，同时还会启动三种心理上的机制。也就是每个人说出的每句话中都饱含着特有的情感、公式和习惯。

因此，若想培养沟通能力就需要我们了解和正确使用这三种因素，而这个过程与审视自我的内心联系在一起。

- 发自内心的情感
- 在头脑中形成的公式
- 脱口而出的语言习惯

首先，让我们了解一下发自内心的情感。每个人在说话之前，先会开启自己的情感。但是对情感缺乏认知、疲于应对情感、隐藏情感的人不会辨别各种情感。因此，他们只会用少数的几种情感代替各种各样的情感。当然，他们的语言也会自然而然地随着情感表达出来。他们在伤心的时候会生气，焦躁的时候会生气，失落的时候也会生气，他们只会通过发脾气或忧愁表达自己的情感。一旦习惯以有限的方式表露情感的话，就会意识不到这种情感会给自己的言语和人际关系带来怎样的影响。情感有助于保护心灵和维系人际关系，但是不善于表达情感的人不会正确发挥情感的作用。口是心非指的是没有正确认知情感的意思。情感是开启真心话的钥匙。因此，正确认识、感受和使用情感尤为重要。

其次，虽然有些人能够正确分辨情感，但也有在接下来的环节遇到问题的情况。如果在生活中经历过一些特殊的事情，我们的大脑会通过这件事情自行储存“公式”。如同利用公式可以轻易解开数学题，遇到相似情形时，大脑会通过储存的公式不假思索地解决问题。

但是偶尔也有错误的公式影响沟通的情况。例如，在每件事情上父母都使用指责的口气，那么在孩子的头脑中会不自觉地形成“长辈的话＝指责”的公式。因此，当长辈或领导说话时会下意识地反驳或辩解。

心理学家鲍尔比（Bowlby）认为，人们每天都在梳理接收到的大量信息。人们为了做出正确的决定，在头脑中不断地创造公式。公式如同了解世界的标准。但是多数人不知道自己拥有哪些公式或是把自己禁锢在哪些公式中，又或是无法接受他人的公式，导致这些人只会用自己的标准和原则衡量他人的对与错。在与他人的沟通谈话中，这些人也不懂得尊重对方的意见。可想而知，只能破坏彼此之间的关系。

最后，我们也要了解自己的语言习惯。因为多数人是按照自己的习惯表达，而不是按照所学的方式表达。语言上也会烙印着每个人的经验。因为语言吃过亏的人都会想着“下一次一定要那么说！”“再也不这么说话了！”，但是想改变长时间形成的语言习惯是一件很难的事情，一不小心就会回到原来的语言习惯上。

这时候绝不能以“我就是这样”“这是性格导致的”为借口欺骗自己，而是应该分析这些语言习惯来自哪儿，受到了谁的影响，为什么改不掉。只有通过自我剖析才能意识到去寻找语言习惯的根源，意识到了就能增加改变语言习惯的可能性。

挥之不去的语言习惯不一定是自己的选择，更多的是受到外界因素的影响而形成的，这种外界因素包括父母、兄弟、朋友、具有影响力的长辈等。因此，我们需要了解你曾经听过的言语和你现在的语言习惯有哪些相似之处，相互之间是什么样的关系。此外，对于有意识和无意识说出的话也需要加以区分。

只有懂情感的人、会选择言语的人、不拘一格的人、不受语言习惯限制的人，才能摆脱因为失言带来的后悔、失望和埋怨的情绪窘境。

现在是什么在主导你的语言习惯？

你的言碗足够坚固吗？

接下来让我们一起开始一段新的旅程。深入了解情感、公式和语言习惯，分析语言的三要素如何影响一个人的内心，是什么因素妨碍你言语的发挥。

情感篇

情感的诉说

关于情感你了解多少？你在沟通时能准确地感知并表达出多少情感？

提到“情感”，有一件令我难忘的事情。

这事发生在我家老大四岁左右的时候。我带他去朋友家玩，孩子头一次接触到乐高积木，喜欢得不得了。我们一咬牙给他买了一套消防总队的套装积木。孩子一回到家就兴奋地和他爸爸两人用两个小时组装了一台消防车。丁点儿大的小手抓着比自己手指关节还小的零件进行各种组装和拼凑，忙得满头大汗。最终完成了作品，他高兴地欢呼了起来。

正巧那个时刻我在另一个房间，孩子爸爸对孩子说：“快拿去给你妈妈看看。”孩子一路小跑过来，刚到房门口时乐高积木“啪”的一声掉在了地上。

随着一声闷响，芝麻大小的乐高积木零件散落到房间各处。0.1 秒的惊讶过后，孩子“哇”的一声大哭起来，冲我大喊道：

“我讨厌妈妈！全怪妈妈！”

那一瞬间我也有点不知所措。但马上意识到这是一个教育他理解情感的好机会。我把哭闹不止的孩子揽在怀里说道：

“儿子，你很伤心吧……妈妈知道你现在一定很伤心。但不要生气，不要哭闹，你要是伤心就跟妈妈说，让妈妈安慰你好吗？”

听到我的话，孩子眨了眨眼睛，抽抽搭搭地开始说：

“我好伤心，妈妈，我好伤心。”

说完之后，哭得更伤心了。就这样尽情地哭了好久，儿子排解掉情绪后擦干了眼泪，找我帮忙捡起地上散落的积木。我帮他正确认知情感，排解情感后，从他身上感到了一种欣慰。

那天孩子学会了“伤心”这个词。在各种各样的情感中，孩子学会了如何应对叫作“伤心”的情感。下次再发生类似的情况时，他便不会暴跳如雷，而是会告知对方自己的感受，寻求安慰，从而平复自己的情绪。

看着再次和爸爸一起投入到积木游戏中的孩子，我忍不住想：小孩子真的不懂得分辨情感，他不明白什么是伤心、慌张、悲痛和惊讶，也从来没有系统地学习过。所以他遇到陌生场景，或者情况变得糟糕时，便会下意识地随便挑选一种方式表达。

他们自然也不会掌控表达情感的分寸。因为孩子们能熟练运用的只有哭和笑这两种本能，于是在情急之下任选其一大声宣泄出来。

所以孩子的任性才会被大人包容。即使他们表达的情感不妥当，更多的也是得到鼓励而不是指责。大人们会说“孩子懂什么！”“孩子还小嘛！”，从而把孩子归入不会控制情感的群体。

如果这时妈妈说：“行了，别哭了！是你自己不小心，哭什么哭！”以这种方式劈头盖脸骂一顿的话，孩子就无法获得正确的情感认知。下次再碰见类似的情况，孩子也不懂得诉说情感，还是会耍赖发脾气，妈妈照样训斥他，由此孩子只会在妈妈身上获得“愤怒”这种情感的错误解读。孩子要么会认为发火是一件坏事情，要么会认为自己需要像妈妈一样遇到不满意的事情时就发火。久而久之，亲子之间的沟通就会变得一团糟。

当然，成年人的任性就不再享有这种被宽容的待遇了。因为已经长大成人，就不会被包容谅解。没有人会对情绪失控的成年人说：“你现在是因为悲伤才感到痛苦，不要害怕，这种情况你可以悲伤，没关系的。”反而会把这种人视作性格怪异、难以相处的人。

我们会对犯了错而感到难过的朋友说：“我早就跟你说过了，让你提前准备！谁叫你不听！”其实这些言语无视了他的自责，助长了他的伤心。如同我们对失恋的人说“天下只有他一个男人吗？我现在就给你介绍一个！”之类的话，其实是用愤怒掩盖了她的伤心。正是这些做法让人们错失了很多认知情感、理解情感、排解情感的机会。

研究情绪表达的美国心理学家保罗·艾克曼（Paul Ekman）认为，人类的情感系统会以放大正面情感，缩小负面情感的方式驱动我们前行。人类天生具有逃避痛苦的本能，对于一切“不好的事物”佯装不知。

伤心、失落、愧疚等负面情感也有它存在的理由。遇到这种情况时要做出相符的反应，不可以逃避或蛮横对抗。我们需要直面自己的痛苦，寻找能与你产生共鸣的人排解情绪。

逃避情感使人变得孤独、抑郁。会让人陷入一种“这不是我想要的”“到底是哪里出错了？”的状态无法自拔，导致说出的话变了意思。人们一旦做出错误的情感反应就很难回头，与正确情感的距离渐行渐远。要想做到“心口如一”，首先要亲近自己的情感。正确串联语言和情感的能力才是打造言碗的核心要素。

拙于表达情感的人

从小只知道学习语文、数学、英语，而忽略学习情感的话，成年后就会不善于处理情感，对人不是太刻薄就是太热情。如果在生活中无视自己心中产生的情感的本质，遇到突发情况时就会只表达出利于自己的情感，其中最常用的就是“愤怒”。

这种人平时无事发生的时候性格挺好，一旦受到委屈就怒目瞪眼，提高嗓门，大发脾气。我们称其为“愤怒上瘾”。他们错误地以为脾气大是能力的表现，用词会越来越粗鲁强势。

有人选择使用“悲伤”。不称心或得不到的时候，就会不管不顾地陷入忧愁的旋涡。阻断自己积极解决问题的意志，把生命浪费在等待身边人的关心与安慰上。

如果不能正确地认知自己的情感，不但不能认可自己，与他人的沟通交流也会略显笨拙，容易把感情用在莫名其妙的地方，说话也会跑题。不久前，我接触过一位上班族，他就是这个情况。

“我快被我手底下的一个新人气死了。因为我们是校友，我花了不少心思和时间培养他，他遇到不会的问题我就手把手教他，对他的小失误我也睁一只眼闭一只眼，给了他好几次机会。这都过去多久了，他还是不能独当一面，他也该有所进步了呀，一点儿长进都没有，我到底要照顾他到什么时候！”

他说这件事情的时候还是相当气愤。他说前不久他一时没控制住愤怒，对下属说了“你都来多久了？连这个都做不好吗？要不你再找找别的工作吧！”我听到他的话后，首先问了他几个问题：

“当时你看着你的下属，心里是什么感受？”

“很生气啊！快被气死的感觉。”

“好的，那你通过发火想得到什么？”

“想得到什么？嗯……希望他有点压力，能打起精神认真工作。”

“看着火冒三丈的领导，你的下属能学到什么？”

“啊？我没想过这个问题。他肯定也是尽最大努力了，听了我的那些话应该很伤心吧……”

于是我告诉他，他的感受乍看好像是“愤怒”，但不一定是真的“愤怒”。情感很会隐藏它的本质。要想看透自己最真实的情感，就要好好分析自己最初期待的“回馈”是什么。

也就是说，如果不想让对方误会，首先要找出自己最初的“本意”。

过了一会儿，他开口说道：

“嗯……我的真实情感应该是‘失望’，他是我带的第一个新人，我对他抱有很大的期望，他没能达到我的预期，有些失望。”

“那就是说，失望变成了愤怒吧？”

“嗯……算是吧。”

“如果你不是对下属发火，而是向他表达出你的失望，那会有什么不同的结果呢？”

“嗯，如果我不吼他，而是向他准确地表达我的情感，我想他多少会跟我吐露一些心里话吧。”

也许有人认为：“不就是失望才让人生气的吗？”但你要知道，愤怒和失望是两种完全不同的情感。如果对某人产生了失望之情，双方还是有机会进行下一步的沟通，彼此还有一些信任和期许，但愤怒只会留给对方责怪和不平。我们表达情感是希望有回馈的，但愤怒让人胆怯，止步不前。如果下属听到领导火冒三丈时说的一些话，别说领悟其中的含义了，反倒会觉得领导冷酷无情，心中暗自埋怨领导。最终会导致两人的对话不欢而散。

这不是情感存在的本意。“情感”不是来伤害你的敌人，它是一个帮助你的朋友，它是给你的言语掌舵的向导。因此，首先要做到认真看清情感的本质，认清情感的面孔，才能说出正确的言语。

辨别真情感

我那时感受到了____________________________（情感）。

因为我抱有____________________________的期待（想法）。

回过头想想，我的初衷应该是____________________________

____________________________________。

在家庭或朋友聚会中，很容易见到拙于表达情感的人。应该说越是亲近之人，越会因为不善于表达而产生矛盾。

不知从何时开始，我和丈夫总会因为打扫卫生间的问题争吵不休。我要求也不高，只希望他一周能打扫一次卫生间，就这么点儿要求，他也做不到。忍了几次之后（我心里好像也在数着他打扫过几次卫生），有一天我身体特别不舒服，终于忍不住冲着我丈夫的背影吼道：

“你根本就没把我的话放在心上！我都要求你打扫卫生间多少次了？”

看着突然暴怒的我，丈夫吓得一哆嗦，说了一句“知道了”就溜进了卫生间。那时已经是半夜12点了，我看着他的侧颜，突然发现他因加班而熬红的双眼。我心头一紧，才想起他昨天也是加班到凌晨才回来的。

我心中开始懊悔，站也不是坐也不是，在卫生间门口来回踱步。同时开始认真地思考自己如此执着于打扫卫生间的初衷是什么。

“这不是我想要的。被我忽视掉的初衷是什么？我想跟丈夫说的话到底是什么？”

我那时只感觉到心烦。

因为我非常期待他能做到我所期望的一切，仔细想想，我的本意是“失落”。

我很失落，因为他没有听进去我让他打扫卫生间的要求。在过去的一段时间内积攒了好久的失落感开始扭曲爆发出来。愤怒不是我想传达的情感，尤其是对跟我一起养育孩子、一起认真工作、一起努力生活的他。30分钟后，我看着丈夫比刚才更显疲倦的面孔轻声说：

“我很抱歉刚才对你大吼大叫，我应该是因为你无视了我的请求，没听进去我的话而感到失落。”

丈夫此时才安心地长吁一口气，也对我说了抱歉。同时他也告诉我，他记得答应我的事情，只是最近一段时间好像感冒了似的身体不舒服，所以才没有及时打扫。幸好我后知后觉、准确地表达出了我的真实情感，我们才开诚布公地说了彼此内心的感受，心平气和地完成了有效的沟通。

如若人们被一时的情绪冲昏头脑，思考能力就会下降，会忽略很多细节。其实仔细想一想，丈夫之前一直在坚持打扫，只是我不满意罢了。不管怎么说，他是遵守了约定。暴躁和愤怒麻痹了我的大脑，使我容不下芝麻大小的事，丝毫没有替对方考虑。

关系的毁灭就发生在一瞬间。囤积了好久的情感一下子都爆发出来的瞬间，就是摧毁两个人关系的时候。平时不多加练习辨识真实情感的话，当情绪失控之际，自己最熟悉的情感就像被磁铁吸出的铁片一样自动涌现出来，导致你不能准确传达想表达的真正含义。

摸不清情感的真实目的，言语就会迷失方向。你的言语或许能给对方留下一时的深刻印象，但那些记忆终会成为过眼云烟；你的言语也许让你一时痛快，但最终会让人对你敬而远之。

你言碗里的情感有多丰富？

那些丰富的情感适时地出现在了正确的场合吗？

你是否能识破情感的伪装？

情感分析

我最近发现，就算只购买一个小型的电子产品，厂家也会附上一本厚厚的说明书。上面详尽地介绍了产品零部件及使用时的各种注意事项。一般拿到说明书的人心里都会想：“这么厚，谁能看完啊？”顺手就扔进抽屉。但打脸的是，你总会有一边嘟囔着“我把它放哪儿了？”一边翻箱倒柜找它的时候，那就是当产品发生故障时，零部件损毁时，性能不如从前时，你就会把它翻出来。说明书基本上能够帮我们解决一些常见问题，至于那些无法解决的问题就得寻求专业人员的帮助了。

我认为对于情感也应有一本这样的说明书。我们不能被情感掐着命脉生活，不管什么原因感受到自己情感出现波动时，有必要给自己做一个全面的“体检”。人情感的产生和消失似乎发生在瞬间，但其实它是历经几个阶段才逐渐产生和消失的。我们若不想被情感左右，而是做情感的主人，就有必要了解这个心路历程。知己知彼方能百战百胜。

出现—自觉—保存—表达—完结

情感的表达由“出现—自觉—保存—表达—完结”五个阶段构成。接下来我们需要了解的是各阶段到底发生了怎样的化学反应，情感期待我们做出什么反应。

第一阶段“出现”：我如何感受情感?

所谓的“出现”是指，身体对情感发送的信号做出的反应。如有外界刺激，大脑会察觉并判断好坏。但在此之前身体会先有反应，这个反应会以心跳加速、手部颤抖、瞳孔扩张、体温上升、脸色涨红、身体痉挛、胸闷气短、肠胃不适等多种方式显现出来，能第一时间感受到这些反应的人对情感更为敏感。

但近年来人们疲于应对外部环境的噪声干扰，对身体发来的信号反应有些迟缓。若是再对咖啡因、尼古丁、糖分或酒精有所依赖的话，就更无法听到身体的呼喊。身体不仅仅是为了维持肉体生命而运转，还是传递情感的通道。身体如果闭塞了，情感之门也就关闭了。

我建议通过做瑜伽或冥想来倾听身体发出的信号。为了唤醒被忙碌所麻痹的身体感知能力，可以尝试将注意力集中在呼吸、发汗、体温变化、血液流动上。我们要有意识地创造一些感受身体的时间，窥探情感的时间，寻找身体变化的时间，从而激活身体。

身体是寂静无声的，但它无声胜有声，所以我们要侧耳倾听。与情感融洽的第一步是要知道身体是会说话的，一天中抽出哪怕片刻时间也好，把注意力集中在身体上，努力感知它细微的信号。

第二阶段“自觉”：此时涌现出的情感是什么?

身体出现反应后，下一阶段就到了描绘所感知情感的具体细节的过程。例如，感受到了心跳加速，假设你面前站着的是你暗恋的人，那么我们把这种情感称为“心动”；假设你面前站着的是平时总爱批评你的领导，那么我们把这种情感称为“不安”。

我们做不到百分之百准确地自我察觉。因为情感甚少独自行动，它总是成群结队地出现。例如，“苦乐参半”这个词就表达了既高兴又难过，既愉快又辛苦……情感就像千层酥一样是层层相叠的，很难一次性全部掌握。

再加上情感是善变的，它的涌现比起“准确性”更偏向“习惯性”。在生活中情感经历少的人，又或者在情感上长期受到压制或控制的人，遇见陌生的情感就会坐立不安，想快点逃避。就像长时间看不到“希望”的人，感受不到“期待与喜悦”的快感；从小生活不安宁、不稳定的人忍受不了“寂寞与安乐”一样，即便自身涌出了正面情感，也会因为不习惯而无视它。

所以，这种长期暴露在某种特定情感环境中的人，他们的情感变化就会更快更频繁。他们会因没有信任感而回避或歪曲陌生情感。反之，从小受到认可的人，或者能够自然地表达感情并与他人建立良好交际关系的人就不会这样。这些人能辨别情感的真伪，准确捕获情感，并直面情感。

之所以辨别情感很重要是因为它能决定我们是否正确领会到情感诉说的内容。情感试图告诉我们什么？仔细窥探情感的内在，我们就会看到它殷切的期盼，希望达成的目的。开启的情感之门不同，通向的言语之路就不同。所以我们练习辨别情感真伪的能力是很有必要的。

前不久我跟学弟吃饭时，他接到了母亲的电话，说着说着他就用厌烦的语气跟母亲说："知道啦！我自己会看着办的！"就挂断了电话，然后低下了头，用手搓着手机。

"怎么了？"我问。

"没什么……她总说要做好吃的给我邮来，可我也不怎么吃啊！"

"是这样啊。那你每次听到她这么说，你是什么感觉？"

"感觉很愧疚，她身体也不好……"

"你看，你不是厌烦她，而是觉得很抱歉。"

"啊？（瞬间明白了）我……我大概习惯了用厌烦来表达吧。"

他无视了感激和愧疚之情，打开了厌烦之门，随之出现的是符合厌烦情感的言语。如果他这样说："妈，你别给我邮，你自己身体也不好，别受累了，知道你担心我一个人在外面吃不好，你邮过来我也吃不了多少，我反倒会觉得抱歉，我会照顾好自己的，你不用担心。"如此沟通他们的关系又会是什么样的结果呢？挂断电话的母亲接下来的一天又会是什么样的心情呢？

在父亲古板的性格下克制着情感长大的儿子，要想跟父亲吐露心声应该怎么做？首先是要弄清楚自己最真实的情感是什么。若找不到核心思想，他们之间的对话就会重复已经习惯的固定模式。虽然他摆着手说“太难为情了我可张不开嘴”，但这恰恰表明他倾听到了“害羞”这个情感。必须要找出那个跟你躲猫猫的真实情感，才能打开心扉，至少可以少说让自己后悔的话。

越是控制不了自己情感的人越易怒，或是粗暴地把情感分为好或者不好、舒服或者不舒服的两个极端。要想锻炼自己在沟通中辨识情感的能力，就要进行3秒辨真情的训练。我把它称为“停一停，问一问”。也就是，情感涌现出来后，给自己3秒钟的时间回答如下问题：

“现在是什么情感？”

“它在向我表达什么？”

让我们再回顾一下学弟和他母亲的通话。他在与母亲通话的过程中感受到了情感的涌现。比如，眉头紧蹙、叹气等。随着情感越聚越多开始拧巴在一起向他袭来，在他习惯性的、没好气儿地说出“啊，真烦，又来了！”之前，用3秒钟的时间问问自己上面提到的问题，一定会是完全不同的结果。

问：现在是什么情感？

答：厌烦？愧疚？还是感激？

问：这种情感在向我表达什么？

答：邮来的食物吃不完，扔掉觉得对不起母亲会很内疚，这让我很难过。但母亲是因为担心我吃不好才给我邮吃的，所以我应该好好说清楚不要的原因，别辜负了她的好意，伤了她的心。

使用这个方法可以客观地定格转瞬即逝来不及辨别的情感，还能将注意力集中在最核心的信息上。

你一天能察觉到几种情感？常常不知不觉间习惯性冒出的情感是什么？你怎样区分若有所失和不知所措？你是否清楚地知道烦躁和不安的区别？

要想回答上面的问题，我们有必要平时多关注情感，认真给每种情感赋予准确的称呼。一开始或许有些困难，你可以把它们想象成你的好朋友，既然是好朋友怎么可以不知道它们的名字呢？

第三阶段“保存”：怎样保存和调节情感？

接下来是保存情感阶段。不能把察觉到的情感肆无忌惮地释放出来，为了把它“装”在言碗里，要具备不被它左右而去沉淀它的能力。不会处理情感的人感受到负面情感的话，要么埋怨别人，要么自怨自艾，特别容易崩溃。

不懂得保存情感，言碗承受不了而溢出去的言语，十有八九会结成“后悔”这个果实。这种言语是未加修饰的，很容易给别人造成伤害，或者让你错失良机。

那么会保存情感的人有什么样的特点呢？这个答案我寻求了很久。为什么有些人对不经意间的一句话特别敏感，有些人听了难听话也无动于衷？自己认为是“底线”的事，在别人那里不算事的原因是什么？其实这和自尊心有相当大的关系。

第一位把“自尊心”这个词汇带到大众眼前的是美国心理学家纳撒尼尔·布兰登（Nathaniel Branden），他在《自尊的六大支柱》一书中，阐明了自尊心与沟通的关系，特别是与情感的相互关系。他认为自尊心越强的人待人越宽厚，懂得恰到好处地交流。他主张的观点是这类人非常认可自己的想法，并不惧怕明确地表达出来。

自尊心弱的人与他人沟通之时，说话模棱两可，容易表现出不适宜的反应。对自己的感受和想法没有自信，容易因为对方的反应感到不安。特别是在遇到不安和不确定之类的负面情感时，自尊心弱的人最容易暴露自己缺点。

相反，自尊心强的人会接受负面情感，能够轻易地分解和克服它，所以对它没有恐惧，不会被它驾驭。

可以肯定地说，情感的力量与一个人的自尊心有很大的关系。与人沟通时，容忍度低，遇事不管三七二十一发泄情感的人，他内心的自尊感一定很弱。为了面子他也不想这样，但在情感面前他还是暴露了柔弱的自尊。

“你觉得我很可笑吗？你以为你是谁啊！”像这种出言不逊的人，看似他在威胁别人，其实他是在掩饰自己，害怕被你看穿。

无论是正面的情感，还是负面的情感，一个人只有具备了自我认可、自尊自爱和相信“自我效能感”的心理，才能做到拥抱或消化这两种情感。

当然，如果身体不适或者时间紧迫，干扰注意力的外在因素太强的话，情感也容易脱缰。情感也属于一种能量，不充电也会消耗殆尽。隐忍、隐藏、坚持等这些行为都会过度消耗情感。

情感一旦开始扭曲，立刻会扰乱心神，释放杂念。无条件的忍受不是本事，要有意识地挖掘出一条缓解负面情感的通道。作家李智英（Lee Ji-young）所著的《情绪调节指导手册》一书中详细写明了通过认知、体验、生理、行为四个范畴调节情感的四种方法。

第一种“认知式方法”是指通过改变思考方式调节情感。理性、合理地思考现在面临的情况，尽力客观地理解对方的情绪，同时还考虑自己的利益如何最大化。会用这种方法的人，当他们涌现出过激的情感时，他们会以“他也是有苦衷吧？让我想想，他为什么要这样”的方式调节情感。

第二种“体验式方法”是指通过充分感受情绪并表达来调节情感的方法。哪怕是略微的不爽之意也不忽视它，索性体味它；想象着憧憬的美事儿转换心情；找朋友吐槽，寻求共鸣、寻找慰藉等方法都属于这个范畴。因同事办事不力而沮丧时，要么寻找一个能发泄的独处空间，要么回想他曾经给予的帮助让自己的头脑冷静，又或者下班找朋友喝一杯聊聊天，这些方式都能够很好地调节情感。

第三种“生理式方法”是指改变身体、生理要素，从而促使情感变化的方法。腹式呼吸、冥想，甚至品茶都属于这个范畴。

第四种“行为式方法”是指通过积极的活动改变情感的方法。可以听音乐、看电影，还可以做一些能转换心情的散步等活动，又或者大胆地走出去积极地征求他人意见寻求帮助也属于这个范畴。

情感如暴风骤雨般席卷而来时，心中的各种杂念便会浮现出来，就更不容易看清最真实的内心。但随着时间的流逝一切都会沉淀下来，正如看似泥浆般的河水，只要有足够的时间，泥沙会下沉，河水会变得清澈见底。此时最需要的是耐心。如果冲动已经占据了我们的内心，哪怕只是深呼吸几次也是有效的，等待杂念消失，真正的情感便会露出面孔。

每当情感过激时，能找出让自己冷静下来的最有效的“开关”并及时按下它的人，才不会受情感的束缚。也只有这样的人才知道什么话该说，什么话不该说，看透对方的内心并选择合适的言语。

就在刚刚，五岁的儿子又喊着“我讨厌妈妈！”哐的一声狠狠地关上了卧室门，号啕大哭地说我不让他在客厅跑和跳。每天下班回家还得照顾感冒的孩子，我自己也很疲惫，情感崩溃的底线已经亮起了红灯，但我没有立刻冲出去，而是暂停了一下。

“算了，儿子感冒还没好，白天他也没睡午觉。”

给他五分钟，等他哭够了情绪都发泄完了，就会跑到我身边嘻嘻哈哈笑个不停。而他的笑脸又能治愈我的烦躁，就这样，我们都在慢慢地寻找“自我镇静的开关”。

第四阶段“表达”：如何用言语表达情感？

接下来了解一下如何用言语性和非言语性方式表达情感。关键在于不损坏核心情感的前提下，使用对方容易理解的恰当言语。例如，有人嘴上说着“多可惜啊”，却一边提高嗓门、翻白眼的话，这就不是表达可惜之情的正确方法。应该使用渴望别人同情的眼神和申诉的嗓音才是表达可惜之情的正确方式。

拙于表达情感的人，表达柔和的情感时说出的话也会带刺。只要微笑着说出“谢谢你，这事多亏了你”就能解决的问题，却因为难为情说出“这点小忙儿，谁都能帮”这类的话。又或者明确地说出“我很难过，希望你今后注意”便能解决的问题，却说出“换作是你的话，你会高兴吗？”之类的言语而引发矛盾。

准确表达核心情感具有什么意义？我们想象一下。今天你跟顾客有一场重要的说明会，但到了现场发现少了一份重要材料，是你的下属漏掉了。虽然你硬着头皮完成了发言，但全程你都心绪不宁，有担心、慌张，同时还懊恼自己事前没亲自检查。

这种情况下，你会对下属说什么？

第一种类型：

“你不知道这份材料有多重要吗？这场说明会是多少人辛苦加班的成果，你到底有没有带脑子上班？！”

第二种类型：

“没事……人都有偶尔失误的时候。”

第三种类型：

“啊，我真是出了一身冷汗，少了这份重要材料别提我心里多紧张了！你也吓坏了吧，记住了，下次要再发生这种情况我就不客气了。为了避免此类事情再次发生，以后每次发言前，我们要反复确定几遍。”

第一种类型属于“瀑布型”。这类人心情不好时，隐藏不住坏情绪，装在心里的话不吐不快，此类人的言语相当粗犷。与其说他是在讲话，倒不如说他是在用声音倾泻过度的情感。容易导致别人被他的言语刺伤，从此对他敬而远之。

这种“瀑布型”的人评价自己是爽快的人，不记仇。其实，这种类型的人是缺乏对自身情感负责任的能力，同时还毫无界限地搅动别人的情感。

第二种类型是“湖水型”。此类型的人不轻易表达情感，他们发火有分寸，喜乐有尺度。周围的人把他们归类为内向的人，或城府很深的人。

水要流淌、汇聚才是活水。比如有的湖水是封闭的，时间长了会被污染变腐臭。忽略情感或是遏制情感也是需要能量的，长时间持续使用能量，人终归会筋疲力尽的。

此种类型的人要经过很长时间后才会发觉自己内心深处已经开始腐臭。“我忍忍算了”“说了又能怎么样？”抱有这种想法拼命地遏制自己，最终会因积累太多情绪而在毫无准备的情况下爆发出来，在一件小事情上也会暴跳如雷。

忍耐似乎对双方都有利，但其实会引发更大的矛盾。对方没能有解释或道歉的机会就被认定为“罪人”。情感不是深埋心底用来发酵的，而是让你感知它后表达出来的。能够适当地表达情感一直都是需要一定的勇气的。

第三种类型是“水龙头型”。水温可凉可热，供求可开可关，还可以调节用量。对方不会被这类人突如其来的言语“烫伤”，也不会被泼凉水，所以相处起来让人很舒服。这种能准确地表达情感的人懂得开启符合时宜的话题，遇事能做到震惊而不失措，遇见要解决的问题不逃避，真正做到了“言”与“情”的和谐并存。

另外，他与人沟通亲切自然，会在替别人着想的同时提出各种忠告或建议。

我们谈到能正确认知情感、调节情感、准确表达情感的人时，常会使用心理学术语“情商”（Emotional Intelligence）一词。情商高的人懂得控制自己的情感，把对话引向正题。当然，他们善解人意的能力也非常出色。

“瀑布型”的人准确感知情感后，要培养“留住”它的能力。“湖水型”的人要学会直面情感，进行准确表达的练习。情感不是要扔出去的垃圾，也不是要锁在金库里的宝贝，它是出了故障需要进行修理，每天都要启动数十次的生活必需品。

经历过“出现—自觉—保存—表达”完整过程的情感，才能发挥其全部作用后彻底释怀。情感会向主人告知自己的真实本质，待主人充分体会后，说出适当言语前做短暂停留，随后便会轻松散去。不需要你加以外力，情感它自己懂得去留。

我如何感知自己的情感?

我怎样辨别情感的真伪?

遇到负面情感时，该如何使自己冷静下来?

我是否会使用与情感相匹配的言语来表达?

情感是礼物

如果能驾驭情感的话，内心就会坦然自若，不会有牵强和不自然的感觉，也不会因为沟通时产生的情感而感到负担，做出自己不必要的防御或攻击。信赖情感的话，言语中就不会有冗言赘句，伴随着表达能力的提升，你会变得心口如一、言语充满活力。

当然，也能做到包容他人的情感，理解拙于表达情感的人，耐心等待难以掌控情感的人，为不善于表达情感的人做榜样。“能够掌控情感”意味着不去感受不必要的情感，不去背负过多的情感包袱，能够以更加轻松的心态去面对更多的人。

能够掌控情感的人会说：

“我犯错了，真的很抱歉！”

“你这么说我很惭愧，是我欠考虑了。”

“突然拜托你，你很为难吧？”

“对不起，这次我无法答应你的请求。”

“祝贺你，我也替你高兴，好羡慕你。”

拙于表达情感的人会说：

“你以为换作你就会不一样吗？”

“你明明知道，还故意那么说？”

“（装作看不见对方不舒服的表情）你没事儿吧？”

“为什么只问我？”

“挺好的，不过最近这种奖励不算什么。”

情感的种类要比我们了解得还要多。

让我们找出表达情感的各种词汇，通过“停一停，问一问”品味一下瞬间产生的情感，给这个情感起个名字，辨别一下情感的真伪，感受一下哪些情感让人泰然自若，哪些情感让人不舒服，了解一下到底是什么让自己忍受不了。若想准确地使用情感我们需要关心和关注它，与其操之过急，不如像对待一辈子的好朋友一样慢慢地去了解它。

描写羞耻心的《脆弱的力量》一书中有这么一句话：“有些人认为只要我们疯狂地忙碌于生活，生活的真谛就会跟不上我们的步伐。”

这句话意味着有些人试图依赖于某些事物解决问题，他们相信通过麻痹情感可以逃避自己不愿意面对的负面情感。但是作者指出越是想抹去痛苦的经历和情感，那么对与爱、喜悦、归属、创意、共鸣相关的美好经历的感知就会变得越迟钝。

“我们无法只选择一个不愿意面对的情感去麻痹。”

“麻痹黑暗的话，光明也会随之被麻痹。”

不要偏爱某一种情感，要敞开心扉面对生活中的各种情感。即使因为害怕情感会威胁到自己而躲避，情感依然会找上门。所以不要选择逃避，要欣然地接受人生的各种经历。

即便如此，如果仍然难以忍受某种情感，有可能是因为这种情感连接了过去的某一种特定情感，也许是印刻在头脑中的某一件事情至今影响着你。不管如何努力也无法控制情感，无法稳定浮躁的心神，那么就该查看一下印刻在头脑中的公式。

公式篇

头脑公式

沟通时经常会遇上“自己的话”和“对方的话”差异太大，从而产生矛盾的时刻。虽然刚开始尝试着心平气和地说，但是不知不觉间声音就会变大，情绪也会变得激动。如果想游刃有余地扭转这种情况，就需要理解“头脑中的公式”。因为一个人特有的公式和情感会像线团一样相互缠绕在一起。

我们会给生活中面临的很多事情赋予意义，并私自下定结论。这是我们更好地去理解世界的决心，也是一种保护自我的准备。伴随着个人特有经验的积累，它会成为一个难以改变的、牢固的公式，影响着一个人的思考和说话的方式。

例如，被好朋友背叛过的人，头脑中就会形成“不能相信任何人”的公式。因为当时受到的刺激是无法用任何东西补偿的，所以会在自己头脑中印刻警示。一旦头脑中形成了“不能相信任何人”的公式的话，即使对方是真正值得信赖的人也不会例外。每当认识了新朋友，在交谈、拉近关系时，就会不断地去验证“这个人是不是值得信赖的人”。

小时候没有得到父母的表扬和鼓励的人，极其渴望得到他人的认可，头脑中就会形成“要想得到认可，就得做好每件事情”“不允许任何失败”的公式。被这种想法禁锢的人不满足于小小的成功，对自己也很苛刻；想要做好每件事情的信念，会使他对别人的话或者评价做出过激的反应；与他人沟通时总是回避真实的自我，顾虑“别人会怎么想我”“这么说可以吗？”，导致与他人建立的关系不稳定。

被这些公式束缚的人，往往不知道约束自己的是什么样的公式，不清楚是什么契机导致形成这些公式的，也不了解这些公式在人际关系中会引发什么样的矛盾。形成这些公式的人固执于既定的观点，接受不了新的观点。遇到与自己意见不合的人会感到不安，但是却意识不到这是头脑中的公式引发的。如同长时间佩戴眼镜，已经意识不到它的存在了。

公式的结构

A－B－C

Accident-Belief-Consequence

事件—信念（公式）—结果

对于同一个事件，人们会有不同的语言、身体、心理上的反应。这是因为对待该事件的个人信念，也就是公式不同。因此，公式不同沟通的结果也完全不同。

如果在一个人过分地强调或坚持一个观点时仔细聆听，就能发现支配这个人的公式。如果同时问四个上班族“职场生活中最重要的是什么”，会得到什么样的答案呢？他们的回答会是一样的吗？

上班族 A

“我已经工作10年了，我觉得工作中人际关系比什么都重要。即使一个人再有工作能力，如果人际关系不好的话，就很难坚持下去。反之，工作上遇到问题时，如果有人帮助你的话可以很好地渡过难关，所以最终依靠的还是人际关系。”

上班族 B

“我不这么认为。虽然人际关系很重要，但是最终还是要靠工作能力。我最讨厌的同事虽然是一个好人，但是工作能力很差。即便周围的人对他的评价很好，但是一起工作的人会很累。这是在连累别人，毕竟公司是工作的地方。”

上班族 C

“我认为一个人的心态最重要。工作能力会随着时间的推移而提升，但是改变一个人的心态是件很难的事情。一个踏实的人，即使失败了也有再次努力尝试的心态，这样才能在艰难的职场生活中坚持下去。”

上班族 D

“我觉得‘职场’这个概念本身就发生了变化。现在早就不是在一个单位工作到退休的时代了，所以自我提升和自我管理才是最重要的。需要不断地学习，为提高自我身价做准备。”

这四名上班族都在同一个公司任职，是工作经历相似的同龄人。但是他们面对职场生活的公式却截然不同。上班族Ａ强调“人际关系”，他认为留住人心是最重要的；上班族Ｂ认为“工作能力”最重要，他总是在说工作能力弱的人会连累其他人；上班族Ｃ选择了“心态”，没有诚实和谦虚的态度是做不成大事的；上班族Ｄ强调了“自我提升”，只有学习才是在变幻莫测的职场中生存下去的本钱。

面对同一个问题，四个人给出了各自不同的答案，这是因为他们各自的观点和形成各自公式的经历不一样。这些经历有可能是被人际关系所困扰，有可能是遇上没有工作能力的人而感到辛苦，也有可能是碰到心态不好的人而受煎熬，又或者是看到了一个人忠于公司却被公司背叛，等等。不论所经历的事件是好是坏、是大是小、是轻是重，这个事件给他们留下了深刻的印象，随着时间的流逝成了一个“不可置疑的事实”。

他们的头脑中形成的公式会直接影响与之亲近的人和他们之间的日常沟通。如果是上班族Ａ的话，会对公司的新人强调“人际关系”的重要性，会对不在乎人际关系的人和不配合他人工作的人表现出刻薄的态度。

很有可能会说出：

“工作不是这么做的，工作是靠人做出来的，所以要与同事处好关系。”

“怎么可以只关心自己的那点儿工作，大家要互相帮助才行。”

如果是上班族B的话，因为他最重视“工作能力”，会对那些不上进、遇困难退缩、成果不佳的同事表现出不满的态度。会经常说：

“谁不会努力啊？用你的工作能力证明自己！”

“这么点成绩就满足了？”

上班族C的话，对于能力不足的人会给予机会，但是对于心态不好的人会很刻薄。因为他觉得一个人的心态体现了一切，所以绝不会姑息因为心态犯错误的人。

“心态好，结果才会好。上班要提前30分钟到公司，开会要提前5分钟到会议室，每件事情都要表现出做好准备的姿态。”

“你这是什么学习态度，都说闻一知十！”

上班族D的话，通常会表现出冷眼旁观的态度。会对新人说：“反正现在的公司只是一个踏脚板，积累工作经验，为将来做好准备才是重要的，谁也不会为你的将来负责。”

假设这四个人作为一个团队一起工作的话，会出现什么情况呢？我们能预测到什么样的冲突呢？也许四个人会根据各自的公式选择做事的方式，并对每个人进行评价。理所当然的结果是相互交换意见时，分歧会越来越大。因此，相互之间尊重彼此公式的程度就决定了团队的氛围、工作效率以及结果。如果无视彼此的公式的话，会出现所谓的“因为人的缘故，让我无法继续工作下去”的结果。

不同的公式所引发的误会

不久前，为了公司的一个项目，我与两位专家进行了合作。这是3个月左右的合作，但是大家从第一次见面开始就展现了各自的个性。

专家A的个性外向，是一个交际能力很强的人，在进入正题之前喜欢说一些加深亲密感的话，并积极地表现出了对他人的关心。专家B是思考型的内向型，对于工作之外的问题会表现出不舒服的脸色，想保持距离，克制情感，只答复与工作相关的问题。

第一次见面后，我们又在网上开了几次会议。到了工作的中期，工作进展缓慢，出现的问题也不好解决，到了我们必须作出重要决定的时刻。也就是在这种情况下，我们有了以下的交谈。

B:“谁都有难处，有必要现在说个人的困难吗？”

A:“啊？我不是那个意思。只是想说明一下自己的情况……”

B:“大家都很忙，今天明确一下各自的任务就散会吧。”

A:“啊……好吧。”

尴尬的会议结束后，A给我打电话抱怨着说：“B怎么能这么冷淡，没有人情味儿，这种性格很难和别人共事。”第二天B也给我打电话抱怨着说：“A把个人情感带入了工作，让人分心，影响工作。”我夹在两人之间忙于解释他们的立场，试图改变他们两人关系的努力毫无效果。A对我没有向着他感到失望，B对于我不明确的立场感到不快，我也对不理解这种努力的两人感到遗憾，从而说了句气话。

三个人都是各自领域的知名专家，毫无疑问大家都为了同一个目标尽全力。但是每次沟通时，都会因为沟通不当发生大大小小的误会，从而留下不愉快的经历。后来我才明白，我们应该在工作之前找个机会了解一下各自的公式。

“我在工作的时候，喜欢聊一些日常琐事。我认为关系亲近了工作才会更顺利，如果您感觉到不舒服就告诉我，我觉得可以通过沟通解决这个问题。”

“感谢你的说明，我是属于不梳理好工作就会变得焦躁和敏感的人。我们先做好分工，安排好日程怎么样？”

“开会时，微妙的氛围会让我感到不舒服。每当这时候，我就会想着‘我应该做点什么呢？’我希望大家能够认同他人的工作方式，说清楚自己的想法。”

如果能以这种方式找出各自的公式，会是什么样的结果呢？但是我们没能找到这个机会。我们把对方看成了无法理解、无能和缺点多的人，逐渐失去了共识，助长了矛盾。

因为A有着“亲密的关系会带来好结果”的公式，所以希望分享每件事情，和大家产生共鸣。但是在B看来A只是一个话多、做事不专心的轻浮之人。B的公式是“有效的工作方式能提高工作效率”，所以不先梳理工作、管理时间的话，会感到不安。从A的立场看B的话，B是一个固守原则的迂腐之人，也是一个缺乏人情味，让他再也不想见到的人。而我却夹在他们两人之间，努力坚守着“我要成为一个好人”的公式，做了徒劳的努力，未能坦率地说出自己的心里话。从A和B的立场来看，我更像是一个格格不入的人。

这种人在日常生活中数不胜数。例如，不可理喻的领导、招人烦的同事、让人忍不住唠叨的新人等等。我们之所以这么看待这些人，意味着我们在用自己的公式衡量他人。我们不懂得接受彼此的公式，反倒控诉“因为他，我都快疯了”，用“我简直无法理解你”的言语横加斥责。能说出这些话的原因是“我对，你错”的想法已经根深蒂固。如果有机会的话，有着这种公式的人甚至希望彻底改变他人的想法。

一个人形成自己的公式需要很长的时间。因此，想用几句话就缩小彼此公式之间的差距，那是血脉相连的兄弟姐妹也很难做到的事情。即使生活在一起，充分说明了道理，也无法让经过几十年形成的想法达成一致。改变一个人头脑中形成的公式好比愚公移山一样难。

但是我们总认为自己可以轻易改变他人的想法，而且对方越是无视我们的公式，就越想坚持；对方越是否定我们的公式，就越想较劲儿。这种状态下，两人一言不合就会吵起来，说着“够了，我真是有病，跟你说这些话。以后再也不会跟你说了”之类的话，不欢而散。

亲子之间最常见的公式差异是：

“我没做到的，你替我做。”vs“我有自己的人生。”

“你应该找一份稳定的工作。”vs“我要做自己想做的事儿。”

夫妻之间最常见的公式差异是：

“男女的角色不一样。”vs“现代社会男女平等。”

“夫妻之间应该事事共享。”vs“夫妻之间也应给予对方自由。”

只要稍微留意一下周围人的交谈，就能发现他们的公式正在进行激烈地碰撞。

“婚后幸福才是王道。”vs“事业成功才活得有价值。”

“有钱才能被人高看一眼。”vs“光有钱有什么用？心情好才重要。”

“尽全力了就可以了。”vs“得拿结果说话。”

“我要做我喜欢的事。”vs“我要做利益回报最大的事。”

“我得先让自己幸福。”vs“我得先让家人幸福。”

我们受哪些公式的限制，从而与亲近的人发生冲突呢？

虽然每个人处事时使用不同的公式，但若想处理好人际关系，就得问问自己：哪些话是我常说的话，哪些是我反复唠叨的话，哪些是我难以理解的话，哪些是我忍不住打断别人的话，哪些是让我敏感或气愤的话，哪些是制造矛盾的话。这些话语中必定藏着你的公式。

你我皆好人

我们的公式在客厅、办公室、会议室、酒桌上时常会发生碰撞，从嗜好到审美取向的区别，再到价值观与信念的差异等，我们每天都在经历着大大小小的“不同”。与他人发生意见冲突时，言碗小的人一般会采取两种方式应对：

- 无视
- 强迫

和对方说了好几次都没有用的话，就会无视对方。这与“认同”不同。无视是指心里带着“就你这样，活该落到现在这个下场！”“你能听得懂才怪！”的想法，与对方不想再进行沟通的行为。此时心里还不忘加一句：“走着瞧，看谁是对的！”

强迫是指为了证明自己的想法正确，迫使他人接受的行为。对方的实际情况、是否做好了心理准备等条件，根本不在自己的考虑范围内，只重视自己的意见是否被彻底接受，只关心自己的言语是否能使人屈服。

反之，言碗大的人清楚地知道，每个人的公式中都有这么做的缘由，也有兴趣想去了解他人的公式。听见与自己的想法不同的意见时，不是放弃沟通，而是努力找出对方的公式。所以，他们会选择先提问再认同。

- 提问
- 认同

每个人的生活都包含隐藏的背景和充分的理由。没经历过他人所经历的苦乐，就没有资格评价他人的生活。因此，言碗大的人很容易理解人与人之间的这种“差异”，为了能顺利地沟通，懂得替对方考虑，思考对方这么想的缘由。他们深知不走入对方的心理世界，言语就发挥不了任何效应。所以，他们喜欢提出以下问题：

“你这么想的理由是什么？”
“具体的动机是什么？”
“影响你做决定的标准是什么？”

如果能够洞悉答案所隐藏的背景，即便无法认同，也会产生理解的想法。即使说不出“我也这么认为”的话，但至少能说出“原来如此啊！”“站在你的立场，确实会那样想！”之类的话。他们深谙“我有我的原则，你有你的法则”之道，很自然地做到将心比心。因此，他们不把自己的想法强加于他人，提出建议但并不勉强对方接受。

但是，如果心里持有“我的决定或判断才是正确的，你的判断欠考虑”这种想法的话，就很难做到体谅对方。如果怀有“你还差得远呢！”这种心态的话，即便问出上面的问题，也不会得到满意的答复。

要想打造一只足够装下他人言语的言碗，就不要死守一条公式，要自由应变。你要明白，慎重提出你的意见，因为每个人的观点不同就会有不同的理解。只有能接受“在自己眼里是宝，在他人眼里是草”的事实，才能处理好各种摩擦，化解矛盾。

“差别”是矛盾的根源。这是我们的一生都躲避不开的问题。如果能够了解我们一生中所遇到的所有问题的差异不是来自“人类的优越感”，而是来自经验与思维模式的差异，就会变得心平气和。

交流分析（Transactional Analysis）理论中提出，一个人对待他人的方式，大致分为“OK态度”和“不OK态度”两种。“OK态度”是指，认为对方身上有值得同情的苦衷，也持有积极正面的处事态度，并努力付之于行动。即把对方视作“好人”的心理。“不OK”态度是指，把对方认作总爱找借口，常进行狡辩、执行力弱且无能的人。即已经事先把对方归类于“不怎么样”的态度，习惯于把自己想成“好人”，把对方视作“不怎么样的人”。

“你能做得到吗？”

“全怪你！”

“我就知道是这个结果！”

“他本来就那样！”

“结果还不是一样？”

持有这种态度的人，他们对自己的经验和知识相当有自信，认为对方的公式是荒谬的。所以不屑于去打听和倾听。即使提出问题也是带着固定答案的诱导性问题，又或者是把自己的想法强加给对方的试探性问题。反之，持有对方是“好人”这种心态的人，喜欢使用这样的言语：

“我知道你很想把事情做好，现在一定很难过吧。”

“有什么我能跟你一起分担的吗？”

“今后你有什么打算？”

“一定有苦衷吧？能跟我说说吗？”

“我该怎样帮助你？”

在不同公式的形成过程中，一定存在不得不这样做的缘由。为了在困难中求生，为了避免重蹈覆辙，我们造出了自己特有的公式。在他人眼中也许有很多缺陷和不足，但这不是可以被批评或指责的理由。

正在成为一个比昨天“更好”的人，不是说你正在变得完美，而是说你做到了改变不看好别人的态度，一点一点延长了认同别人的时间。

为了做到这一点，我们与拥有各种公式的人相处时，最好要打破成见。不要害怕尝试，用心体验“不安”背后的“各种滋味”。多亲近能够帮助你拓展生活半径的书籍，它们能辅助你认可“你我皆好人”的思维，也是滋养你言碗的养分。

懂得包容

每个人都会有认为对方的公式超出常理的时候。偶尔让人产生“至于吗”“水平这么差吗”的想法。若能想到迫不得已产生这种“非常理”行为的缘由，你的心情就会平静很多。

我曾经在一本书里读到过一件在美国真实发生的动人故事。故事内容是这样的：

一名男子在收费站替下一辆通过的车付了过路费。下一辆车的司机听说了此事之后，毫不犹豫地又替下一辆即将通过的车付了费用。就这样，当天“替下一位付费的行为”持续了好久好久。

得知这个故事的一位朋友，决定亲自尝试一下这个行为。怀着忐忑的心情，在龙仁市附近的一个收费站替下一辆车付了过路费。下一辆车的车主是否会做出相同的举动呢？就像书中的美谈一样，今天是否也能产生一段佳话呢？怀揣着这种心情刚刚通过收费站后，朋友突然听到后面的车主一边鸣笛一边示意他停下。车主把车开到朋友的侧方时，朋友面带着微笑放下了车窗，这时那位车主冲朋友大声喊道：

“你谁呀？你凭什么替我付费？！炫耀你钱多啊！”

瞬间，朋友成了替人付900元想要借此炫富的混蛋了。他特别惊讶和失措，忙向对方道了歉，慌忙地开走了。回来的路上，朋友的震惊之情无以言表，感觉自己受了特别大的委屈。

怒骂我朋友的那位车主，他是天生性格乖戾吗？还是那天他受到了什么刺激，无法控制自己的情绪呢？虽然我们无从得知真正的缘由，但至少能通过他的言语，尝试推测一下束缚他的公式。

也许他过去曾因为金钱受到过很大的刺激，又或者他人的帮助曾伤过他的自尊心，才导致他把“没钱会被看不起”“接受别人的帮助是一件很羞耻的事情”的想法深深地印刻在了脑海里。但凡有人触动了他的这根神经，他便会异常地愤怒。

致使人际关系疏远的公式类型多如牛毛。无论发生什么事，把原因归咎在对方身上的人，任何时候都会把自己塑造成无辜的羔羊，把宝贵的时间浪费在指责他人、埋怨他人上。与此同时把自己束缚在“我能力有限、我能做到的很少”的公式中，不能自主地作出判断，要么打退堂鼓，要么依赖身边人。

还有些人因为持有“这个世界险象丛生，事事需要多加小心”的想法而寝食难安，寸步难行。

更有甚者，每当开始一件事情之前，先把自己锁定在“无论怎样一定得赢，输了就失败了”的公式里，导致自己捆住了自己的腿脚，使自己压力倍增，深受煎熬。

我们假设有个人，因为晚辈没跟自己打招呼而大发雷霆。他不考虑“也许是对方没看见自己，也许是他视力不好”之类的原因，不管不顾地认为对方“竟敢目中无人，对我视而不见。”而发火的话，那是因为他的“拒绝”公式发挥了错误的作用。

那种因为自己的方案没被领导采纳，首先想到“这种公司，离职也罢！”，而大发怒火或绝望的人也是一样的。分不清这件事是针对人还是针对事，把它认为是“对自己本人的拒绝”，产生不必要的怒火伤人伤己。

这类人不想着如何努力与他人亲近，只记得他们吃零食没分给自己、喝酒聚会没招呼自己的事情。抱着“他们都不喜欢我”的公式不放，不满越积越深，关系越来越远，只会导致自己越来越被孤立。

如果你的身边有这种按照反常识性公式行动的人，你有可能会与他争辩，试图说服他或者无视他。要怎么做，选择权在你的手上。但无法选择的是，在生活中我们一定会碰到这种人，这是无法避免的。因为我们自己或多或少地对他人来说也是“不正常的”。

你的公式，我的公式

不久前的一天，我正坐在咖啡厅写稿子，一对中年夫妻坐到了我旁边的桌位，没想到他们说话的声音越来越大，使我不得不关注到他们的对话内容。

“老公，是不是该好好管管咱家的老二了？”

“老二？怎么了？”

“社交能力也太差了！哪里像个中学一年级的学生啊？”

“没事，男孩子都这样。”

“又来了！我说了多少次了，问题没有那么简单！他从小学开始就没交到过朋友！”

“那是他性格使然，我能怎么办？没事，这都是暂时的，不算什么大问题，你太敏感了。”

“老公，你怎么能这么说？这是别人家的事吗？作为父母至少得努力做些什么吧？”

妻子在跟丈夫表达家里的二儿子在社交方面有些问题，想和丈夫一起寻找解决方法。但听到此话的丈夫并不觉得这有什么大不了的，让妻子不要小题大做，拒绝了她的诉求。妻子越说嗓门越大，丈夫声音越来越低缓。最后妻子勃然大怒，“嚯”的一下子从椅子上站起来，冲着丈夫喊道：

“你真不可理喻！说不定儿子就是随你了！你俩应该一起接受一下心理咨询！”

其实，丈夫从一开始就没有理解妻子的心情，比起已经心急火燎的妻子，稳坐在沙发上泰然自若的丈夫，态度实在是不冷不热。忽视对方提出的重要话题，做的只是固执地重复自己的观点。那副“事不关己高高挂起”的样子彻底激怒了妻子。

当然，妻子所做的也只是不断地重复自己的主张。她已经认定了孩子有问题，并把不同意自己观点的丈夫也一起认作有同样问题的父亲，也没打算听丈夫有没有其他的想法。

我在他们的对话中发现了他们各自不同的公式。妻子认为孩子与同学的人际关系很重要，她相信能和很多人打成一片，是一个孩子正在健康成长的标志。但丈夫看起来像是一位内向的人，不知道是不是因此缘故，他觉得每个人有性格差异是正常的。

这两个人只是反复重复自己的公式，丝毫不关心对方的公式。他们对话时互相没有向对方提出任何问题。也许他们进咖啡厅之前都有想解决孩子问题的心，但此时解决问题的心已经消失不见了，对话最终以“进攻”和“防守”的方式结束。他们通过此次对话，不仅没有找到帮助儿子的办法，也没能互相体谅养育子女的不容易，反倒更进一步确认了因为无法沟通的配偶，自己的生活实在是太难了。

想让对方成为自己的“敌人”，你只要固执地死守自己的公式即可。要想进行一场有意义的对话，就要接受每个人的公式差异。别把公式的差异视作“问题”，要看作需要一起解决的“课题”。如此，你的言碗才不会受到冲击。

挖掘自己的公式

首先我们要练习如何挖掘自己的公式。说不定你的公式对于某人来说是“反常识的”。我们要搞清楚，什么公式在主导我们的言语，公式的界限在哪里，它是否有副作用。弄清楚自己的公式后，才有能力了解他人的公式。

所谓的挖掘公式就是“认清自己认为最重要的标准是什么”。扪心自问，自己想守护什么、解决什么，难以忍受什么，想突破什么等问题，就能依稀地看清自己的公式。

我们把这些想法写下来，仔细看一看。

做完这些填空题会对你有所帮助。这些题没有固定答案，只要参考例句用文字写下你平时脑海里的想法即可。做题前需要准备的唯一东西是“坦率”。

例句：

我认为在人际关系中最重要的是相互信任。

我认为在人际关系中最重要的是守好对方的底线，不越雷池一步。

我认为在人际关系中最重要的是相互付出。

我觉得在某个知识点上，我比别人懂得多的时候最有魅力。

我觉得我挑战成功的时候最有魅力。

我觉得我帅气登场，受人瞩目的时候最有魅力。

要想超越现在的自己，应该突破凡事要比别人做得好的想法。

要想超越现在的自己，应该突破按部就班的想法。

要想超越现在的自己，应该突破自我否认的想法。

填写“挖掘公式”的问卷：

1)

我认为在人际关系中最重要的是____________________。

我相信要想过好职场生活一定得____________________。

我认为生活中至少要守住__________________________。

我做事之前一定会首先考虑________________________。

我与他人产生矛盾的原因大致是____________________。

最近某人心存不满的原因是________________________。

我最不愿意听别人跟我说__________________________。

我和____________________的人沟通困难（相处不融洽）。

我经常听到身边的人评价我是______________________。

我如果是某某人（长辈 / 晚辈 / 朋友 / 夫妻）的话，我认为应该____________________。

2)

对我影响最深的事情是____________________，此事带给我的教训是____________________。

我认为这个世界是__________________________的地方。

我能走到今天，是因为我坚信______________________。

我遇到困境的时候，会想起____________________的话。

要想获得幸福，我觉得应该________________________。

我早晚会实现（达成）____________________________。

我无法想象在自己的一生中不去做__________________。

我觉得我__________________________的时候最有魅力。

我讨厌（失望）我__________________________的时候。

我在______________________________情况下更敏感（不安/伤心）。

3)

我的父母总跟我说________________________________。

我最不能理解我家人的____________________________。

我在家庭中扮演______________________的角色。这个角色造就了______________________的我。

如果有人问我人生的座右铭是什么，我的回答是________________________________。

可能别人不会理解我________________________的想法。

如果我做一些异于往常的行为的话，会成为____________________________________。

如果我能改变自己的一个想法，我希望是______________

________________________________。

要想超越现在的自己，应该突破______________________
______________________的想法。

________________________是我最难以改变的想法之一。

如果我能放弃一定要做__________________________的想法，心情会轻松很多。

希望大家能反复填写这个问卷。每个问题不是只有一个答案，你可以写下好几个答案。不要被问题的形式约束，问题可增、可减、可变动。一旦能熟练地回答这些问题，你会从中发现一些特征。比如你能找出问卷中经常出现的词汇、说法不同大意相似的句子、平时最看重的价值、守护你的信念，它还能让你回忆起过去的伤心事。问卷中肯定会有你从来没有思考过的问题，一时半会儿答不出来的问题。其实这些问题的答案已经在你的内心深处了，只是你还没习惯而已，这时不要着急，慢慢回答就行。答题过程中，当答案形成一定的固定模式的时候，你就可以按照下面的句型整理出自己的公式了。

挖掘我的公式：

我有______________________________________的公式。

这个公式使我____________________________________。

什么公式最能表达出你自己?

你最容易想到、最常使用的公式是什么?

对你的生活能产生影响的公式是什么?

能使你陷入矛盾的公式是什么?

别人说得最多的关于你的公式是什么?

我也是通过这种方式找到了我的公式，整理出来如下:

我持有事情得按我的计划进行的公式。

这个公式让我做事谨慎且有计划。

我持有让别人认可我的公式。

这个公式让我建立并挑战更大的目标。

我的公式是“自己的问题要自己解决”。

这个公式让我不习惯求助他人。

形成我这些公式的背后都有它们各自的理由。用几句话难以讲完我几十年的人生，要说对我影响最大的应该是7岁左右的时候父母离婚这件事。父母离婚后，我跟着时常愤怒与孤独的父亲生活，此后所有的事情都得我自己来做。稚嫩的内心从此认为凡事得靠自己，为了消除不安与恐惧我得规划好日常。再加上，亲戚们无数次地教育我说“你爸爸养你不容易，你一定得有出息”之类的话，让我变得渴望成功，“妈妈为什么要离开我？”这个问题困扰了我很久，又使我非常渴望别人的认可。

这样的公式给我的生活也带来了诸多益处。凡事喜欢事先规划的习惯，让我认真负责地完成了许多工作；凡事亲力亲为的过程中，我的能力得到了认可，从而达成了目标获得了成就感。当然，公式不是在任何情况下都能发挥好的作用的，结婚生子后，再次投入到事业中时，这些公式使我和身边人的关系发生了动摇。

观察公式的两面性：

我持有__________________________的公式。

这个公式让我__________________________。

但也因这个公式，使我不能__________________。

比如说，养育孩子这件事，就不可能按照规划进行。小孩子根本不需要理由，随时耍赖说不去幼儿园，又或者我明天一大早还得上班呢，他半夜开始发高烧。这类事情真是家常便饭。当事情不按照预定计划发展出现偏差的时候，“事情必须得按我的计划进行”的公式就会启动，让我变得敏感、不安、烦躁。焦急之余，我会变得比平时更严厉。但无论怎样努力控制局面，总会有意想不到的事情发生。所以，我意识到如果我不改变一下“必须得按我的计划进行”的公式，我和孩子的关系会产生隔阂，我也成不了一名幸福的“职场妈妈”。

我的公式偶尔也会引发我与丈夫之间的矛盾。每当听见丈夫说“慢慢来吧”“这不是很正常吗？”，我就很无语。要么指责他“为什么不事先准备好！”，又或者说着“还能指望你什么！”无视他。每当我说出这些话以后，心里并没有变得痛快，反而更生气。为了美满的婚姻生活，我必须选择改变。至少不能对丈夫的公式视而不见。

我持有“事情得按照我的计划进行”的公式。

这个公式让我做事谨慎且有计划。

但也是这个公式，使我压力重重，在处理人际关系上十分被动。

我持有“渴望得到他人认可”的公式。

这个公式让我建立并挑战更大的目标。

但也是这个公式，使我顾及不了自己的身心健康。

我持有“自己的事情要自己解决”的公式。
这个公式让我不习惯求助于人。

但也是这个公式，使我不合群，不善于团队合作。

由此得知，曾给予我很大帮助的公式，现在成了绊脚石，我感受到它们现在正阻碍我的成长。也就是说它们容易引发我与他人的矛盾，妨碍了我的言碗发展。

仔细思考一下“将来如何把自己的公式应用在生活上”这个问题的话，融通性和应变能力就会有所改变。能想通这一点的人，才能有智慧地处理公式制造的焦虑、不安、敏感和愤怒。

找到了自己公式的人，他们常会产生“难受、惭愧、期待”的感慨。

这里的“难受”是指“不情愿的公式推动着艰苦奋斗的自己”所产生的苦涩之感。要是某人持有“非我不行”的公式，那他生活得多辛苦啊，无时无刻不在鞭策自己不停地奔跑。“难受”就是回顾自己放不下那些公式的日子，有感而发之情。

能说出“惭愧”这个词的人，模糊地知道自己的公式，他们总是不想回忆起一些往事。他们心中一直后悔当初没能做到多体谅别人，多安慰朋友，多重视同事的感受。

“期待”之情则是弄清楚自己的公式后，期待今后的自己有所改变。也是有意识地感知自己的公式何时会启动，希望能做出灵活应对的期待。公式指引我们的言语，影响我们的人际关系，也是我们掌握话语主导权的保障。

努力找出刻在言碗上的公式，是带动我们朝着自己所向往的生活前进的原动力，是与他人和睦相处的出发点。因为养成窥探言语内部公式的习惯，能增长与他人共鸣的能力。了解到有人因不情愿的公式饱受痛苦，察觉到公式的差异不是来自人格的差异，才不会轻易地指点他人的人生，才有可能敞开心扉进行沟通。

懂得这个道理，言语就会变得稳重且有深意。随着觉悟的提高，我们也在一点点地进步。

语言习惯篇

脱口而出的习惯

“我说话比较难听。虽然心里不是那么想的，但是说出来意思就变味儿了。所以经常因为说话的语气让人误会……语气就这样，没办法啊……”

“我本来就不太会说难听的话，与其和别人大声争执，还不如我自己把事情做了，大声吵吵会让我心里不安。”

“我属于说话婉转的类型，如果直截了当地说话，会感觉不自在。所以说话时总是绕圈子，习惯小心翼翼地看别人脸色。”

每个人都有自己的语言习惯，与他人沟通时会表现出激动、夸张、慢吞吞、咄咄逼人、委婉等特有的表达形式。虽然人的语气和音调有先天的影响，但是无法忽视成长的环境带来的影响。例如，父母、兄弟姐妹、好朋友、在社会生活中遇到的人等，都会影响一个人的语言习惯。

不久前，在电视节目中看到了演员赵惠莲和子女的故事。这是一个真实地展现妈妈与子女之间日常琐碎生活的节目。在众多的出演者中，唯独赵惠莲和孩子们的沟通方式格外引人注目。她与孩子们已经到了几乎无话可说的地步，有着很深的矛盾。印象最深刻的一个场景是表现出冷淡态度的大女儿和妈妈的对话。

“跟妈妈谈谈，为什么你的态度不好。”

“这不像是妈妈说话的语气呀。”

“你说什么？”

“我这么说是因为妈妈从来没有为我做过什么，你从来都没有时间关心我。”

“我怎么没关心你呀！”

“妈妈没有为我做过什么，这是事实啊。”

“你一直是这么认为的吗？”

“对啊！”

“你觉得妈妈哪些方面做得不好？”

“那妈妈觉得哪些方面做得好呢？”

“……”

赵惠莲一直在努力尝试着缓解与大女儿的关系，但表情依然是僵硬的，提的问题也像是在追究女儿的过错。与其说她表现出的是想了解女儿的心思，更不如说是她表现出了埋怨女儿不理解一直在努力的自己。

如果是忠于情感的人，不会说“你一直是这么认为的吗？”，而是会说“听到这话，妈妈很心痛”。假如她了解自己的公式，就有可能会说“我一直在告诉自己成为一个坚强、优秀的妈妈，却没想到让你们伤心了”。但是赵惠莲没有摆脱经过长时间形成的语言习惯，以不愉快的方式结束了与大女儿的对话。

从那天起，我对赵惠莲的故事产生了兴趣，我从另一个节目了解到赵惠莲在八个兄弟姐妹中排行老五。在那个重男轻女的时代，已经生了四个女儿的母亲，怀上她后梦见了老虎。因此，家里人都认为这一胎肯定是儿子。结果事与愿违，生了她。看到让一家人都失望的面孔，母亲把赵惠莲压在了厚厚的被子底下，但是她顽强地活了下来。从此，她成了母亲眼中“生错了的女儿”“不该生的女儿”。

在那种环境下长大的赵惠莲，变得比别人更加坚强。为了保护自己，为了证明自己存在的价值，她一直努力地生活着。她的生活被人们叫作“艰难的挑战”是有其原因的，一个弱小的孩子为了摆脱冷冰冰的母亲带给自己的伤害，用尽了浑身解数。然而母亲的话已经渗透进她身心的每一寸地方，伴随着她的成长。

比起抚慰、安抚、安慰的话，赵惠莲已经习惯听到指责、埋怨和讥讽的话了。赵惠莲从没有听过“女儿，妈妈爱你”之类的话，所以她很难成为能够说出“妈妈爱你”之类的话的母亲。常常听“你懂什么”这种话的小孩子，长大后怎么可能会说出“没关系，现在的你就很棒了”？适应环境的同时，语言也会代代相传，导致她的儿女会因为强势的妈妈而受到伤害。

但是令我惊讶的是，随着时间的流逝，赵惠莲发生了明显的变化。因为从她看孩了的目光、面部表情和说话语气，可以看出她认识到了自己的错误。

语言的“传承”不只是作用于赵惠莲一个人的身上。

“没有人能忍受妈妈的唠唠叨叨，真的很烦，我以后绝对不会像你一样。”

每次看到妈妈和爸爸吵架，我暗自下决心不要做一个像妈妈一样的人，结果发现结婚后自己的言行越来越像妈妈。这是语言的遗传造成了关系的反复。

很多人都想着“我不会像爸爸一样成为冷漠的家长”，结果有了孩子后不知跟孩子如何沟通的人比比皆是。这就是已经附着于舌尖上的语言习惯，如同人呼吸空气一般自然而然养成的语言习惯。

心理学家阿尔伯特·班杜拉（Albert Bandura）曾说“我们在各种情境中模仿和学习”。也就是说，我们只通过眼睛就能获得很多信息。这个过程叫作“观察学习”(No-trial Learning)，意味着不用亲自去做，仅凭观察他人的行为就能习得同样的方法。通过观察获知他人的行为所产生的结果，如果这个结果能得到某种奖励或达到预期目的，那么这个行为会更加牢固地印刻在我们内心，这就叫作“替代性强化”(Vicarious Reinforcement)。

语言也会遵循同样的原理。经常听到或学到的言语会储存在记忆中，成为最熟悉、最容易脱口而出的言语。尤其是形成自己的特色和主观意识之前储存下来的言语，不懂得过滤它就会在内心生根。

语言也是一种应对策略。孩子们通过大人学习对世界和人际关系的应对策略。孩子们会通过大人学到“原来这时候应该这么说呀”“这种情况可以这么说呀”，但是他们在没有分辨对错能力的情况下，就会把它当成一种标准。例如，自己明明不喜欢这首歌，但是看到妈妈一边刷碗一边哼唱这首歌，就会发现某一天自己也会不知不觉间哼起这首歌。

虽然心里没想过“我要这么说”，但是遇到类似的状况或人时，就会不自觉地脱口而出曾经听过的话。

“公司里有很多新人因为我的话受到过伤害，我本意是为了他们好，但是我好好说他们从来不听，所以我故意说得刻薄。仔细想想，我的这种做法好像是受到了我新入职后遇到的第一任领导的影响。那位领导说话也很刻薄，当时我也受到了很多伤害。因为跟着那位领导工作了好多年，而且也没机会跟别的领导学习，所以越来越像那位领导了。不知道这算不算是一种传承。”

语言的影响力不仅来自父母，也来自一起工作过的领导。也就是把模仿领导的言语作为一种应对方式。当遇上新人犯错误时或者对结果不满意时，不自觉地脱口而出曾经听过的话。

按理说遇到不同的人和情况时，应该使用不同的“说话方式”。但是只按照固定模式说话的人，即使在需要用其他言语来表达的时候，也会像鹦鹉一样重复同样的话。好比需要安慰的时候会说忠告的话，需要鼓励的时候还会说忠告的话。

此类人最大的问题在于，不知道自己在使用什么样的语言习惯，也不清楚这种语言习惯是从何而来的。即使说了很多不该说的话也不会自我反省，导致重复语言错误。在开会时、听汇报时、聚餐时分不清“想说的话”和“习惯性说出的话”，察觉不到哪些话会让对方困扰，也不清楚自己应该说哪些话。

你也有自己没意识到的语言习惯吗？是什么样的语言习惯呢？

分析自己的语言习惯

我经常通过摄影的方式帮助那些没有意识到自己语言习惯的人。我让他们像往常一样主持会议或讨论某些敏感的问题，并用摄像机记录下这些画面，然后与他们一起观看影像，分享感想。

“光看表情的话，以为我有什么不开心的事情呢，其实根本没有那个意思。”

“原来我有那种坏习惯啊！”

“那个是我最讨厌的语气，怎么我也在用那种语气啊！”

只要客观地观察自己，就能发现自身很多有待思考的地方。因为要和自己隔一段距离才能看清“别人都知道，唯独自己不知道”的习惯。如果摄影不方便的话，可以先听听了解你的人怎么说，再回答一下下列问题。让我们通过问题了解一下自己平时的语气、表情、动作、语言特点，以及其他一些可以感觉到的内容。

- 我说话时的表情是什么样的？给对方带来什么样的感觉？
- 我的语气会造成什么样的谈话氛围？这与成长的环境有什么关联呢？
- 我想亲近他人的时候，会用什么样的方式表达？
- 我与他人意见不合的时候，会用什么样的方式表达？
- 我想要什么的时候，会用什么样的方式表达？
- 我敏感或生气的时候，会用什么样的方式表达？
- 我心平气和的时候，说话的语气会发生怎样的变化？这意味着什么？
- 我常用的语言表达形式是什么样的？这会让我联想起谁呢？
- 有什么办法能让自己知道更多自身没有意识到的语言习惯？谁能帮我呢？
- 我想改掉哪些语言习惯呢？这些语言习惯是从哪儿学来的呢？

想改变“语言习惯”的话：

杜克大学的研究团队于2006年发表的论文中指出，我们每天的行为中有40%出自习惯。今天你对别人说过的话，与其说是出于某种意图，不如说是像习惯一样重复了昨天的模式。

为了改变已经形成的习惯，专家们提出了下面的方法。

首先，必须要找出引发特定行为的原因，这有助于你理解自己的想法。要分析什么情况下会反复这些行为，反复这些行为之前会出现什么情景。通过这种观察和分析可以感知习惯性行为发生前的信号。消除强化该行为的原因，可以减少习惯性的行为。

并且，找另一个行为代替习惯性行为也非常重要。没有替代性的行为是无法改变习惯性行为的。最后，维持替代性行为的同时，要做好记录和观察，以便了解自己行为的变化。

让我们参考下面的例子，套用一下前面的方法。

1. 定义“问题行为”

什么样的语言习惯容易引发矛盾？

我有让对方心生反感的语言习惯。

好像是我强硬的语气和刻板的表情。

2. 发现“行为原因”

语言习惯源于哪里？

妈妈总是用不耐烦的语气说话。

受到了直属领导的影响。

3. 分析“前期信号”

大部分的沟通都是如此，还是在什么特定条件下才会那样？或者说有让你反复失态而后又懊恼后悔的固定对象？

事情的发展不随心愿的时候，变得特别有攻击性。

对亲近的人，特别是对家人和挚友口无遮拦。

4. 去除“强化物质”

你一直使用现在这个语言习惯的原因是什么？又或者，通过你现在的语言习惯，你能得到什么好处？

以这种方式说话，说完心里舒服，明知不好也改不了。

我一发火，大家就都积极地去解决问题。

5. 养成“替代性习惯”

用怎样的言语代替好呢？具体应该怎么说？

用“希望你……”代替“你到底怎么想的？”这句话怎么样？

用“我来说一下我的想法”代替“你就按我说的方式做就行了”这句话怎么样？

6. 做到“持续观察”

你打算如何持续管理你的语言习惯？

我打算听取关系好的同事对我的评价。

通电话的时候，我可以通过录音反复听。

我也有不喜欢的语言习惯。我小的时候，妈妈对整理东西非常执着。屋里的东西没有摆放回原来的位置，或者从衣柜里拿衣服时弄乱其他衣服的话，不论是谁都会被妈妈劈头盖脸地骂一顿。在家里爸爸挨的骂最多，即使从柜子里拿错了一套毛巾都得忍受妈妈尖锐的声音和可怕的眼神。每次遇到这种情况，妈妈都会暴跳如雷。长大了以后，才知道妈妈是要求苛刻、容易情绪失控的人。所以我小的时候总会疑惑："难道妈妈认为毛巾比爸爸重要吗？"

然而就在我婚后不久，惊讶地发现自己身上也有和妈妈的一样的习惯。我在捡起掉在地上的毛巾时，冲着丈夫怒吼了一声。其实我不是一个善于操持家务的人，一条毛巾不至于挑起我的情绪，但是我不知不觉间像我的妈妈一样吼了丈夫。

我明明可以好好地说："把毛巾放回原来的位置"，但是却做出了像巴甫洛夫的狗一样听到铃声就流口水的反应。

丈夫问我：

"你生气了吗？"
不，我不是生气。
"我没有生气……"

对于丈夫的提问，我慌乱地含糊其词。妈妈的语言习惯居然在我的记忆里扎根了这么长时间，我不禁摇了摇头，在我大意的时候，这些语言习惯如同我自己的语言习惯一样扎根在了我的头脑中。

你听过自己"真正"的声音吗？录过声音的人知道，说话时听到的自己的声音和录音机里传出的自己的声音是不同的。

你的言语又是什么样的呢？你是真的表达了自己想说的话，还是你回放了父母的话、尊敬的某个人的话，或者是某个老同事的话呢？

截至目前，我从三个方面阐述了产生言语的过程，分别是情感、公式和语言习惯。这三个领域没有先来后到之分，就像那个“是蛋生鸡还是鸡生蛋”的谜题一样，这些领域之间相互制衡又相互支撑。例如，细心地读取情感会更好地发掘自己的公式，开始意识到自己公式的时候，就会自然而然地发现自己的语言习惯。

当然，也会发生相反的情况。客观地解析语言习惯的时候，会得知影响现在语言习惯的具体原因，也就能发现隐藏在背后的公式，以及所引发的情感。

有可能你在看本章节的时候，期盼着赶紧跳转到“听与说”技巧的部分。因为比起窥探自己的内在，学习一个技巧更简单方便。

只有通过多问一些关于情感、公式和语言习惯的问题，多思考一下这些问题的答案，才能真正打开沟通之门。支撑言语内部的骨骼足够坚硬，才能容下更丰富的情感，才不会被语言习惯束缚，能主导自己的言语。自己的言碗足够坚固，才能把“听得清、说得明”的技巧运用得自如。

第三章
练就充实言碗的倾听技巧

CHAPTER 3

你知道让蛤蜊吐沙子的方法吗？把它们泡在盐水里，放在避光的地方或者用黑色塑料袋罩上，让它们以为又回到了曾经的生存环境中，静置一段时间后，它们感到很舒适，就会把沙子和渣滓吐出来。

人际关系亦是如此。想要得到对方的真心，又或者真心实意地想要帮助对方的时候，首先要做的是给予对方信任，之后要做的是等待。但是，我们总是忘记这一点，总是做一些没必要的事情侵犯对方的底线。比如直言不讳地揪出对方的错误，建议对方接下来该怎么做，甚至直接帮助对方解决问题。殊不知这些行为会让“蛤蜊”的壳闭得更紧。

其实，对大部分事物来说“自然的状态”才是最适合的状态。如同“春暖花开”一样，有时，在一段关系中我们能做的事情，只能是静待花开。也许我们会因为花期延迟而忧心，或因满园春色而欢喜，但何时开花就不是我们能左右的了。

言碗大的人深知“等待”的重要性。并能将“等待”运用到实际沟通中，这个行为就是“倾听”。具备了倾听的能力，不用多说话也能拉近关系，消除隔阂。

不用强加外力，使对方褪去盔甲融入沟通的方法就是倾听。

为什么“明知故犯”？

我们在书本中或讲座上经常看到或听到“倾听”这个词，大家都知道“倾听”的重要性。因此，如果有人再跟你提起“倾听”一词，就会不耐烦。但实际能“运用倾听”的人少之又少。

“我知道倾听很重要，但对方一个劲儿地说些没用的，我也要一直听着吗？我对他的胡言乱语实在忍无可忍时，我当然要打断他啊！”

“我要是时间充裕，一直听他说下去也不是问题。但说话总得有个结论吧？不能无休止地听他说啊，所以总会不自觉地打断他。”

“我告诉我的组员可以畅所欲言，特别是开会时，不用看领导的脸色，可以各抒己见。即使我都这么说了，也没有人发言，好像还在背后议论我话多，说他们的意见反映不上来。给他们发言的机会，他们自己不说话，我有什么办法？”

无法做到“倾听”的原因很多。比如，对方说的都是废话，自己没有时间听，自己性子急，对方不开口说，又或者对方一开口我就知道他要说什么，等等。

但是，你要知道看似无关紧要的一句话也有它包含的意义。你好像还没有意识到，越没有时间倾听，越有必要练习“倾听”的技巧，其实对方不开口的原因出在你身上。“对方一开口我就知道他要说什么”的判断完全来自你自己的固定观念。控制不了你的急性子是代表你的言碗空间只有那么小。

也有人表示，对“倾听”别人的声音很有自信。我问他：“你以什么方式倾听？”他回答说：“听完对方的话，我真诚地向对方提出了一些建议。”原来他混淆了建议和倾听的意义，其实它俩充当的角色截然不同。

道理我们都懂，但仍旧很难做到全心全意地侧耳倾听对方说话。做不到的原因是什么呢？我大致总结出了以下三点：

第一，对说话抱有幻想。

第二，对倾听带有误解。

第三，欠缺倾听的能力。

有时人们觉得“口才好”很受欢迎。传授演讲或说话技巧的培训班数不胜数。这是人们的错误认知，误以为口才好的人更受关注，显得更有能力，似乎更有主导权。

很多人误解了“倾听”的含义，认为倾听是无师自通的技能，只要坐在那里听就行。侧耳倾听不是真的用“耳朵”听，而是用心听。“倾听”需要通过对方的诉说，仔细察觉对方话语中的各种含义，感知对方话语中的情感。

特别是赢得人心时的倾听更需如此。每个人开启心门的密码都不同，要想打开它们就得慢工出细活。要想让对方产生“这个人很懂我！”的感觉，就需要练习技巧，也就是做到既能与人“畅谈”而又不跑题，还能与之产生共鸣。

憧憬『会说话』的你

多说无用

职场中准确衡量一个人“沟通能力”的地方，非会议室莫属。因为大家需要在会议时间内对某件事情表达出自己的看法。因此，在会议室中大家会毫无保留地展现出“说”与“听”的水平。

开会时我们很容易就能猜出谁是领导。不仅从座位、坐姿能看出来，而且最简单的方法是看谁说的话最多就能知道谁是领导。因为职业的特殊性，我偶尔会被邀请参加顾客的会议，每当这时候就能听到领导们的常用语。

“既然大家都不发言，那我说两句……”（迫不及待地讲话）

“我本来不想说这些话……”（没人相信这句话）

“我有个想法……大家觉得怎么样？”

“我再说一句。”（说个不停）

“我最后再说一句。”（当然，也没人会相信这句话）

领导们都很心急。因为会议时间有限，要交代的事情又多，所以表现得话多、语速快，不给下属消化的时间。但是这时候最有趣的是下属们的反应。有的人边点头边认真地做着记录，有的人信笔涂鸦，有的人偷偷地把手放在了手机上。既没有人提问，也没有人持反对意见。

“是，明白了。”（是真的明白了吗？）

“我也是那么想的。”（真的是那么想的吗？）

“很好。”（是出自真心的话吗？）

领导问下属“怎么样？”，下属就会说“很好”。谁也不会说出真心话，是否真赞同领导的意思，还是觉得领导已经决定的事情自己多说无益。大家都是用一样的语言，会议内容也不难理解，领导却能说上一个小时，在下面坐着的人还装出一副非常理解的样子，真的很有意思。更有意思的是会议结束领导走后，下属们还会留在会议室继续对会议内容进行研讨。

“刚才领导说什么了？”（说得太多了，没听懂）

“刚才那句话是什么意思？”（也不说明一下）

“反正得按照领导的意思去做……”（有必要召开这个会议吗？）

下属们需要重新分析和理解领导在会上说的话，必然会出现一些错误。同样的一句话，说话人的意图和语感都是不同的。然而说话的是一个人，分析这句话的却另有其人，沟通怎么可能会顺畅呢！大家你一句我一句，最后只能是把比较强势的人或者威望较高的人所理解的意思梳理成领导的意思，从而散会。

但是，最后看到汇报内容的领导有可能会说：

“我什么时候说过这话？！”（听不懂人话）

“没认真听我说话吧？！”（不想干活儿吧？）

“我再说一遍，认真听好了！”（不好好教导他是不行啊！）

接下来领导会说更多的话。但重要的是，说得多，不代表下属就会认真听。恰恰相反，下属因为疲于分辨哪些内容重要或者哪些内容不重要，逐渐变成左耳进右耳出，最后习惯于装听，而不是真听。下属会认为反正是领导在说，没有必要表达自己的意见。

此类问题不只是出现在公司。因为在职场上喜欢说话的领导，在家庭中承担着父母、配偶、兄弟姐妹的角色，在外面也会是某个人的朋友，所以此类问题还会出现在家庭成员之间和朋友之间。

耳听为先

我曾经辅导过某企业的分店店长们。在一次与店员的面谈中了解到，A 店长不仅“独断专行”“以自我为中心”“话多”，而且因为晨会时间过长，招致店员们的不满。

对于在店里迎接客人来说，早晨15分钟的准备时间非常重要。但是每天开晨会的话，店员们就不得不提前上班，这种无奈一直让店员们焦躁。

A店长会在晨会上详细地说出顾客的投诉事项及应对方案、企业新政策、当天的业务及注意事项等，最后会问店员们：

“大家都听清楚了吗？”

一直默默无闻的店员们，仿佛就在等店长的最后一句话，异口同声地回答道“是”，之后赶紧回到了自己的位置。看到这个场景，我想：

“他们清楚什么了呢？说了那么多，他们真的听进去了吗？”

晨会结束后我询问了店里的三个人，这三个人分别是店里工作时间最长的领导、中层干部和新入职的店员。

“请您按顺序说一下，您认为店长讲话中最重要的三项内容。”

写下店员们的回答后，我重新走进了A店长的办公室，然后问了A店长同样的问题。

“店长，请您按顺序写一下，您认为今早讲话中最重要的三项内容。”

之后，我把店员们写的内容写在了白板上。

“店长，请问您看到这些内容后感觉到了什么？”

紧闭双唇的店长，脸上出现了尴尬的表情，继而说道：

“我以为自己说得很到位，没想到和我想得不一样，似乎我的意思没有完全传达给店员。”

“那您往后想改变哪些？”

“应该进一步强调核心内容吧？”

店长的回答似乎改变不了什么结果，仍然摆脱不了“话多”的习惯，不说仔细了就会感到不安，不知道该用什么方法改变这种情况。于是我和店长经过长时间的交谈，约定了以下几点：

1.表达要言简意赅。

2.重要的内容梳理成三条，用一两句话表达。

3.说完后要问店员是否听懂，并听取店员的意见。

4.时间充裕的话，询问店员有什么困难。

5.即使仍有剩余的时间，也要结束会议。

沟通时要协调“说”和“听”。虽然视具体情况而不同，但是“说”和“听”一般要维持在5：5的比例。如果是说明事由的对话，比例应达到7：3；如果是安慰和鼓励的对话，那么比例最好是2：8。如果对话时90%的时间是在“听”的话，那么你会感觉到自己被排挤在对话之外，会产生“再忍一会儿吧”的想法。这种情况反复几次后，即使是让你说话你也会不想说话的。

一般来说，年长的人与经验少的人对话时，往往就会出现一个人滔滔不绝的情形。这有可能是因为年长的人经验丰富，也有可能是出于为对方着想的心情，一开口就停不下来。但不管意图有多好，对方也无法全部听进去。

多数的情况是左耳进右耳出，甚至有可能会产生反感。所以，说话时要以对方能够接受的方式传达，同时还要考虑对方能够消化多少内容。

父母和朋友无论说多少建议、忠告和忧心的话，我们能够真正听进去的也只有自己期盼和想听的话。只有在“你一言，我一语”双方保持对话的平衡时，我们的内心才会出现想听对方建议的想法。因此，如果你现在仍没有停止向对方提建议的话，这就不叫作对话了，只能说是你在安慰焦虑的自己而已。

有安全感才会吐露真心

“是的，我懂你的意思。”

“当然，我能够理解你。”

我们听别人说话时，经常报以“我明白”的态度回应。但是，你真的明白了吗？虽然说起来简单，但你确实明白对方隐藏的含义了吗？今天朋友在酒桌上说的话、碰杯的时候说的话都是真心话吗？

之前我在某公司上班时，除了本职工作，还担任过一阵子辅导师（在公司内部，负责辅导业务以外事务的职员）。我面向申请者进行了一周一次的辅导，一共进行了十次定期的会面，探讨一些关于烦恼及目标的话题。

有一次，跟我同一楼层工作的运营部副部长申请了辅导。经过一系列的准备工作后，我们终于见了面。首次见面一般会先从申请辅导的缘由，通过辅导想解决什么问题开始。她是这么跟我说的：

“您也知道，运营部的工作不好出成果。大多数的时候都是在辅助其他部门的工作，每当写总结的时候，所展现出来的都是一些琐事。不知道是不是因为这样，我们部门努力付出却得不到认可。想请你好好给分析分析原因，怎样才能让我们部门明年也能得一回优秀，让我们部门能得到认可是我的目标。”

这是一个多么值得嘉奖的目标啊，为了鼓舞人心、提高业绩都做到了这一步。我们通过一次、两次、三次、四次的对话，兴致勃勃地讨论了运营部的工作模式、局限性和可能性，以及身为部长应当做的事情等内容。在此期间，她的态度一直都是认真诚恳的。

但是到了第五次见面快结束的时候，她的态度发生了变化。

“我们今天的辅导已经接近尾声了，您最后还有什么要补充的吗？”

我像往常一样抛出了当天的最后一个问题。但奇怪的是她没有马上回答我，而是视线朝下做出了欲言又止的样子，我耐心地等了一会儿，然后她开口说道：

“其实我不想说这话来着……”

“会是什么事呢？我的辅导没起作用？”

我正在心里犯嘀咕的时候，她又接着说道：

“其实……我想接受辅导是有另一个目的的。我和我们部长来到这个分公司之前，都是在总部工作的，当时我们还是同一批入职的新员工，后来我和他都当上了办公室主任。再后来，我和他前后脚被调到了这个分公司，还在同一个部门共事。以前的我很受赏识，升职也快。但到了这里之后，为什么他成了部长，我是副手呢？为什么会这样？会不会是考核出现了错误？我要怎样才能得到认可？”

原来，她的心中藏有一个和最初辅导时完全不同的目的。怎样提升团队价值只是个幌子。其实她想知道怎样能凸显能力，获得认可，成为部门的一把手。

“谢谢你的坦率，能说出这些话需要很大的勇气，是什么让你决定说出真心话的？”

她说因为在我这里感受到了“安全感”。她说在我们前几次对话时，我从不随意打断她的发言，有异议时也不是上来就提出建议，这些细节使她对我渐渐产生了信任。

“我可以吐露真心吗？即使她答应替我保密，但她也是另一个部门的部长啊，领导之间总是常会见面的，他们见面聊天时会不会说漏嘴呢？”

她犹豫了很久之后，最终决定袒露心声。

如果我为了帮助她，一味地提出一堆建议和意见的话，本次辅导的大部分时间成了我一个人在自说自话。我们两人肯定是为这个“虚假”的目标浪费口水，浪费精力。

人们只对有“安全感”的人敞开心扉。因为不管别人说什么他们都不会妄加评论和妄下定论。因此，自然而然地愿意和有“安全感”的人交谈。

很多人在对话时会察言观色，决定要不要隐瞒一部分事实。尤其是孩子们喜欢这么做。

夫妻之间也一样，针对那些真正需要解决的问题闭口不谈，总是东拉西扯地聊一些税金啊，红白事之类的话题。朋友之间也存在相互吹捧。

“嗯，是个好主意。”（即使我说主意不好，他还是会这么做。）

“你怎么这么厉害！”（反正他愿意听到这样的话。）

“我挺好的。”（我要是说我不好，他还不得刨根问底儿啊。）

是真好吗？是真的没事吗？你若是总打断对方的话，对方就会用你想听的话随意搪塞你。最终导致你听不到任何有价值的信息，职位越高的人越无法得知下属最终的诉求。

对方肯定知道一些我不知道的事实，要想获得这些信息要做到少说多听。

每当面对有烦恼就找我倾诉的晚辈时，我作为前辈有很多话想对他说。担心他们出错或走冤枉路，我总会忍不住地提醒他们。每当此时，他们总会说："谢谢您的提醒，以后我会注意。"过了很久我才意识到，其实这根本不是沟通，这只是我一个人的喋喋不休。

晚辈们想找的是倾诉的对象，不是想听我的忠告。他们需要一位不管听到他们说什么，都能沉住气倾听他们的诉求，让人有安全感的前辈。

让你敞开心扉的人

五岁大的孩子因为没有把玩具收起来，被妈妈狠狠地教训了一顿。然后他冲着妈妈大喊道：

“我最讨厌妈妈了！你走开！”

听到这话，做妈妈的一定很伤心。但此时要做的是收起伤心，揣摩一下孩子的内心，一边安抚他说：“被妈妈训，你很伤心吧？”一边要给他立下做事的规矩。此时的孩子嘴里嘟囔着“讨厌”，却会不知不觉地往妈妈怀里钻。因为妈妈了解到了他的“伤心”，他的情感得到了认可。

成年人也希望能找到一个读懂自己的“知心人”，哪怕自己说违心之言，也期盼有那么一个人能领悟自己的内心，奢求“至少你应该是懂我的”。

恋人之间最违心的话，大概是“我们分手吧”。有时因为怕伤自尊心，有时为了掩饰自己还在为上次的事情生气等各种理由，就粗暴地用“分手”来表达。说此话的人心里其实抱有

“即使我这么说，你也应该知道我本意不是如此吧！”“快点来哄我！”之类的期盼。这也正是一种“你快来安慰我”的呼喊。此时，缺乏倾听能力的另一半会出现如下的反应：

“什么？你说的是真心话吗？你怎么可以那么简单地说出分手的话？”

“我做错了什么？你说啊！你不说我怎么知道？”

这样的另一半会因你无情的话而动怒，会刨根问底地追究原因。不去理解你的话中深意，自顾自地表达自己的想法。见到对方如此态度，你便会把自己的真心藏得更深，然后又忍不住说出“就因为你这个态度我才要分手”之类的无心之言。总是反复这种没有效果的沟通，进行无谓的争吵，关系真的有可能会破裂。

但是具有倾听能力的人会做出以下反应：

“原来是我惹你伤心了。你愿意告诉我发生什么事情了吗？”

“我应该多关心你才对，对不起。”

如果是以这种方式说的话，即便是用违心之言隐藏真心的人也会打开心门。

“这破公司，早晚有一天我不在这儿干了，干活的人永远干活，功劳永远是别人的。辛苦的背后总得给点好处吧？领导只会拼命使唤人，该给好处的时候却装傻！”

一喝酒就闹着要不干了的人，第二天真的递交辞呈的又有几个？强硬态度背后所隐藏的是脆弱到极点的真心。

“想得到认可。”
“我想劳有所获。”

希望领导能听到自己的这些心里话，至少希望面前的朋友能安慰自己。若此时你面前的朋友具有倾听能力的话，他会对你这样说：

“心里很难过吧！这次本是一个能证明能力的好机会……”
“你已经充分展示了你的能力，公司不认可，难怪你会生气！”

但是没有倾听能力的朋友就会这样说：

“所有的公司不都这样嘛！你只能接受，不然能怎么办？”
“不是什么大不了的事。你知道之前有过比这个还过分的事情吗？”

有倾听能力的人，倾听的是对方说出口的言和未说出口的语。表达欲强的人，容易把自己当作对方故事的主人公。刚开始听起来好像说的是忠告、安慰和一起发泄的话，但是听到最后的话，就会发现大部分都是在表现自己，而把朋友晾在了一旁。

人人都有“好为人师”的本能，也就是说我们有积极纠正对方问题的欲望。讽刺的是，纠正的欲望越强烈，对方越不为所动。换句话说，越想改变对方，对方的抵抗就越强烈。当然，好为人师的背后存有“想帮助他人的善意”，但这种善意几乎没体现出来。

如果有人问到“最想和什么样的人说话？”，比起给出一堆忠告的人，人们更希望和懂自己的人说话。比起用言语激励自己的人，我们更希望对方是一个能好好倾听自己诉求的人。所以，我的回答是“我最喜欢和让我敞开心扉的人说话”。

虽然心里很想，但千万不要去改变对方、干涉对方。想要倾听隐藏在背后的真心话，就要如实地接受对方原本的样子。不要纠正他的抱怨，通过抱怨我们可以感知到他因事与愿违而产生的郁闷之情，如果忍不住纠正了对方的抱怨，又怎会探知他“想得到认可”的内心？

“关系”这东西，不是你觉得和对方亲近就是亲近的。它是在少说话、多倾听的过程中，自然而然地变亲近的。

误解『倾听』一词的你

第一个误解：硬着头皮听

“要坚持听完。”

“要看着对方的眼睛，不时地点头。”

许多人认为倾听就是硬着头皮听完对方说话，或者注视着对方的眼睛，不时地点头，再附和着说上几句就是倾听。所以，有人会说：“倾听还需要特意学习吗？不是听着就行吗？”这种想法正是对“倾听”一词的最大误解。

倾听不是强忍着听完令人反感或毫无兴趣之言的技术。如果你持有被动的态度，倾听会是你无法跨越的大山。言语中的“真心话”往往都隐藏在险峻的重峦叠嶂之中。因此，你需要协调好各种能力，才能准确地理解对方的话语。

首先，学习倾听需要具备观察力。对方的表情、眼神、手势、姿势等，都是一种意思的表达。不放过每一个肢体语言，观察细节的能力是必不可少的。

其次，理解能力和判断周围环境的能力也很重要。听别人说话的时候，不是解读每个单词的含义，要结合这个人特有的语言习惯，串联好冗长且混乱的前后语言脉络，掌握全貌才行。同样的话，放在不同的场合，其说话意图、传达的意思也不同。

最后，还需要具备直觉、想象力和推理能力。倾听对方的话语时，要通过直觉区分对方的意思，并认同对方的观点。只有同时发挥这些能力时，才有可能真正倾听对方的话。

事实上，多数情况下我们不会认真听对方的话。按着电视遥控器漫不经心地跟对方说“说吧”，或者埋头看着显示器跟对方说“什么事儿，快点说”，又或者目不转睛地看着手机跟对方说“听着呢”，这些都不是倾听，而是装作听。

认真地倾听是很消耗体能的，体弱心烦的时候是不具备倾听能力的。因为无法集中注意力，总会分心，容易错过对话进程。此时的你，与其勉为其难地听到最后，倒不如干脆请求谅解先行离开。先向对方表示歉意，表示自己很想听对方讲下去，但现在身体很不舒服，希望下次再接着聊。如果对方是你平时真心对待的人，你们的关系很稳固的话，这种请求是完全能被理解的。

体力充沛的时候认真听，体力不足的时候就给自己充电的时间。倾听不是勉强听，它是发挥各项能力的综合体，所以你若是心不在焉地听，对方一眼就能看穿。

美国著名的哲学家约翰·杜威（John Dewey）说过“人性最为根深蒂固的渴望就是得到尊重。”至少自己在发言的时候，是希望得到对方重视的。我们会对与自己哪怕有瞬间眼神交流的人，或对自己某句话做出认同反应的人敞开心扉。

勉为其难地倾听对方讲话，是一种无礼的行为。“我听着呢！”“我这样也听得见！”像这种毫无诚意的敷衍，其实是在表达“你在我心里不重要”“你说的话没什么价值”。每个人在自己的世界里都是主角，“知人性，知人心者”才能成为最受欢迎的人。

第二个误解：倾听是点头附和

说到倾听的技巧，人们总会提起1–2–3规则。即说一句，听两句，三句跟着节奏走。这只是一个生硬的公式，不代表倾听的全部技巧。

在电影或电视剧中，为了最大化地激发观众的情感，会插入应景的背景音乐。1–2–3规则也是这个道理。对视、点头、附和就是插入对话中的“背景音乐”。但万万不可生搬硬套地使用这三步骤，要把注意力放在倾听上，适时应景地做出反应才可。

比起1–2–3规则，我更推崇“迎合对方、调整自己”的技巧。即对话时以对方熟悉的方式回应对方的技能。适当地使用这个技巧，能减轻对方的心理负担，对话自然就会变得顺畅。

想要做好调整，要配合以下三种技能一起使用。

- 对视
- 同步
- 回应

我们先看“对视”。所有的对话都从对视开始，眼神与眼神交集后才能开始对话。视线决定对话内容的质量。注视着对方讲话，你的言语才会完完整整地传达过去，听者注视着说话人的眼睛则是表达“我在听”“我做好了倾听的准备”。

再看“同步”。对话就如同与人散步一样，自己走急了、走慢了都不行，必须配合对方速度肩并肩一起走才对。要仔细观察对方是呼吸急促、大喘气、处于兴奋状态，还是语速减慢、处于小心谨慎状态，并根据对方的呼吸、声调、眼神做出适当的应对。这时最有效的技巧就是“点头”。视觉传达信息给人很大影响。匹配对方语速和语调的“点头”是表明在听对方讲话的最好方法。

最后看“回应”。“回应”是向对方发出我一直在认真听你讲话的“语言信号”。比如“是这么回事啊！”“真的吗？”之类的感慨，又或者“接下来呢？”“最后怎么样了？”“你再详细地说说看”这种衔接对话的言语，都属于这个范畴。

眼神对视，步调一致，发声表达都要求高度集中注意力。要想真正实操这些步骤，你自己说话的时间自然而然就只能变少了。

这里需要注意的是，以上规则只适用于建立关系的初期阶段，过度使用会导致关系无法深入。对话有可能会在你反复地说“是这样啊！”“是这么回事啊！”的附和声中结束。当对话进入主题走向高潮时，要懂得使用与发展阶段相匹配的技巧。

需要『倾听』技巧的你

重新解读“倾听”

最难做到的倾听，也许就是与满腹牢骚的人进行对话。这也埋怨，那也抱怨，这种怨天尤人的牢骚听一两次还能忍受，但听多了谁都会厌烦。

“领导，是不是太过分了。我们每天都在加夜班，上周工作到了凌晨，我们又不是机器人。我们知道公司目前的困境，但不能因为这个原因理所当然地要求我们加班，公司是有多么轻视我们啊！”

公司的职员提出这种抱怨时，领导的反应大体分为三种类型。

第一种类型是“我也是啊”。例如，领导说：“就是啊，我也快累死了。但是为了五斗米，不得不折腰啊。”如果领导这么回复的话，职员就无法继续对话了。

第二种类型是“抱歉”。领导把职员的诉苦视为对自己的埋怨，对职员说：“抱歉，我应该早点跟高层领导反映大家的诉求。”这时职员只能说：“我不是那个意思……”于是闭上嘴不再说话了。

第三种类型是“解决问题”。这类型的领导会说：“是吗？那就这周使用年假休息一天吧。”帮助职员提出解决方案。又或者会说“再给你配一个人，缓解你的压力”来全力支持职员。

当听到一个人诉说烦恼时，如果你认为自己有责任帮他解决问题，那么你很难做到真正的倾听。主动承担对方的负担，就无暇倾听别人的苦恼。只有与对方保持一定的距离，才能维持内心的共鸣。不要成为“不分你我”，而是要做到“我在你身边”。为对方解决问题的想法，意味着你们之间的关系特别生疏，又或者特别亲近，这会使两个人都感到负担。

有一本叫《非暴力沟通》的书，这本书教我们存在矛盾时，如何做到既不失去个人的本来性格，又能进行心平气和的沟通。书中写道：

与对方产生共鸣后，想要帮助对方寻找解决问题的方案时，首先要给对方一个机会表达自己，这很重要。如果你急于为对方解决问题的话，无法正确传达你真正关心的是对方的感觉和需求。而且刚开始对话时说出的话基本属于冰山的一角，之后说的话会伴随着更强烈的情感。因此，继续关注对方的内心，可以让对方有机会深入反思自己和表达自己。

能持续与对方产生共鸣比其他任何事情都重要，其次才是判断是否需要解决问题。根据情况，有可能需要采取一些措施，也有可能只要充分理解对方的心情即可。其实诉说之人也明白说给对方听也解决不了问题。你要记住，给别人当“解决问题”的人，有可能你的心情会很舒畅，但是操之过急的话，只会妨碍更深层次的心灵交流。所以不要受心欲所驱，要懂得等待。

现在让我们一起了解一下能够唤起真心的倾听技巧。不想因为对方的言语而伤心，不想因为愧疚而退缩，不想成为一味地急于解决问题的人，那我们应该怎么做呢？

我们梳理一下此时需要掌握的三个内容。

Fact/（听事实）：概括主要内容。

Feeling/（听感受）：确认真实情感。

Focus/（听意图）：挖掘对方想让你知道的核心内容。（即使对方不说）

这三个内容简称3F。这些技巧可以单独使用，但是搭配使用的话，能够发挥更大的作用。

听“事实”

听“事实”是指一边听对方的说话内容一边梳理。人们并不会事先设计自己的语言再表达，常常是这件事说一半又跳到另一件事上去了，其中的废话也多，夸张的成分也不少。这时候，我们需要把对方冗长的内容整理成简短的语句，概括地去听取实质内容。比如，我们可以对那位满腹牢骚的职员说：

“你的意思是说，公司把职员连续加班或工作到凌晨想成是理所应当的事情？”

此时不要加入自己的主观解读来表达意思，应该把对方的原话重复一遍更为妥当。对话过程中随时总结核心的内容，会使对方因感到“他在认真听我讲话”而安心。当然我们也可以提前防止对话内容跑题，可以通过“啊？我是这么说的吗？其实我不是这个意思”这样的语句调整方向，也可起到引起对方共鸣的作用。

“所以，你是说……”

“稍等，我是否可以这样理解……”

“我是这样理解的，对吗？”

可以尝试这种表达方式。

这种技巧特别适用于商务对话。确认双方是否充分解读并理解了彼此说的内容，是商务谈判的核心所在。会议或会谈时使用听事实的技巧，会减少不必要的误会。

“金代理辛苦一下，把我们刚才的对话内容整理一下。”

“所以，金科长的意见是……吧？我理解的对吗？”

“关于部长您说的那句……我是这么理解的，您看对吗？”

反复梳理几次沟通的内容，可以矫正理解错误的内容。但是在一知半解的情况下，通过揣测来提问的话，有可能会发生“我什么时候那么说过？”“你明明就是这样说的！”之类让人恼火的情况。假设在一个双方地位相当的商务会谈中，想要确认对方的内容时，由地位最高的人先提出来最为妥当。这一点能成为企业文化的话，不仅能够提高业务效率，还能减少人际关系层面的矛盾。

听“感受”

听感受是指感知说话人的情感，并用语言表达出来。任何事件、任何场景都包含着情感，无论是积极的情感，还是消极的情感都有各自扮演的角色。大部分的人不愿意面对自己最原始、最直接、最坦诚的一面，也很难如实地表达出来。所以，这些人伤心时的表现是歇斯底里，惊慌失措时的表现是大吼大叫地做一些鲁莽行为。

此时，仔细读取说话人呈现出来的眼神、表情、音量、声调、姿势等信息，并给予恰到好处的回应，才能释放出隐藏的情感。

“前段时间很辛苦，很委屈吧？”

不要因为下属对持续加班和不平等待遇感到愤愤不平，就把他看成一个没有忍耐力的人。你要是读懂了他的委屈，作出上面的那句回应，下属又会是什么心情呢？或许他就能够坦然地面对你表现出的真实情感，并感觉到莫大的安慰。

最近刚和男朋友分手的一个朋友给我打了电话。

我问她："最近怎么样？还好吧？"她轻描淡写地回答道：

"没办法，我已经尽力了，为了挽回我们的关系，能做的我都尝试了。所以，我觉得还行吧。"

虽然嘴上说着"还行"，但实际上给人的感觉完全相反。她的声音低哑、吐出来的字字句句都带着压抑，语气太过平静。她反复表达了自己的"无可奈何"，她每表达一次时，我都能感觉到她想努力隐藏伤痛的内心。

"你的语气听着还是那么伤心，你还没走出来吧？"

我话音刚落，朋友"哇"的一声哭了出来。

"我实在太难受了，我好像走不出这个伤痛了！"

哭了好久之后，她擦干了眼泪嘟囔着说了一句："大哭一场，心情好多了。"她表面上看着坚强，其实她也想找个人痛痛快快地哭诉、发泄一番。

情感好似巨大的龙卷风，肆虐过后，谁若是叫到它的名字，它马上就会跟他离开。

"吓到了吧，你很紧张吧？"

“很难过吧？你心里一定不好受。”

像这样能准确地叫出情感的“名字”，点到要害的话，情感就不会扰乱你的内心。反之，那些没有被确认的情感就会在心中乱窜着寻找发泄口。人们若是长时间处于无法辨别伤心、心疼、惭愧等各种情感的状态，会导致情感反应更迟缓。

在日常生活中，大部分的人并不是先去感受再进行思考。人们能娴熟地分析问题找出对策，但羞于感受和体会；擅长战略性对话，却反感情感型对话；习惯进行实质性对话，但是对于聊人情世故却感到有负担。然而，这样的人嘴上却喊着“人最重要”“人际关系最重要”的口号。

也许是因为我们连一句真情都不敢表露出来，才会说那些没用的废话吧。因为“我很孤独、很辛苦，请你安慰安慰我”这样的话说不出口，只好骂人、抱怨世界。又因为说不出“我太惭愧了，对不起，我很后悔”的话，反倒指责对方。

要想进行一场有效的、顺畅的对话，就要充分利用好听“感受”的技巧。

听“意图”

听“意图”，是要求倾听者能察觉出说话人嘴上没说出来，但又希望你能感知到的心思或信号。人们容易被排山倒海的负面情绪压垮，无力顾及初心是什么。没有期望便不会失望，只有一心想把事情做好，才会产生失望或失落之情。谁都明白这些道理，但面对失败时，就把初心和本意忘得一干二净，容易被瞬间的消极情感吞噬。

“我曾有过怎样的期待呢？”
“你生气是对什么感到了失望？”
“他真正想解决的是什么问题？”

之前提到的那位职员，因为公司的不公平待遇心中愤愤不平，他抱怨的时候是什么心情呢？他对公司和组织有什么期待呢？他想要的是什么？他是因为什么情感没有得到满足而郁闷呢？会不会是努力工作了，却没得到相应的回报？是不是希望公司能看到他的埋头苦干呢？

“你这是不想干活耍滑头呢吧？！”

“大家都不吱声，就你特殊？”

心中若存有这种想法，就算你对双方的公式了如指掌也毫无用处。如果你心中早已认定对方是一个“不怎么样”的人，本性就是懒惰的人，动机不纯、成事不足的人，那么又如何能发现对方的初心和本意呢？但是如果你最初就看好对方，也就是把对方看成有着积极正能量，并具有无限潜力的一个人，就能察觉出隐藏在言语背后的真正意图。

如果能够准确读取这位职员的真正意图的话，领导一定会用“你是希望你的努力能换来相应的尊重吧？”之类的语句与他沟通。若是能感知到他的情感，捕获他想传达的信息，并以“你是不是感到身心俱疲？”之类的言语安抚他的话，他便不会再抱怨下去，会重拾心情再次积极地投入工作中。

偶尔有人会问这样的问题：

“如果那位职员一开始就没想好好工作呢？”

当然这也是有可能的。看到那些因烦躁而无法专心工作的人，弄不好自己也会跟着烦躁起来。所以，即使碰到这种人也要正视他们的抱怨，安抚他们说：“既然你已经开始做了，就做出点成绩吧。”如此，自己也能安下心来工作。

这也不是说让你放一个“禁止通行”的指示牌阻挡负面情感，要想消除彷徨无依的情感，不能直接把它拒之门外，而是要为它打通一条能够排解出去的通道。正所谓通则畅、畅则和。

打开通道的方法就是要听"意图"。准确找到对方想要表达的中心思想，给予相匹配的回应，对方的抱怨或负面情绪就会有所缓和，还能让对方燃起新的期待。如果有人总把"我做不来""我不行""我好累"挂在嘴上的话，我们要做的是，先找出隐藏在其中最真实的意图是什么，而不是让他闭嘴。如果我们想要帮助他尽快找回做事情的初心，我们可以把话反过来听。

一个正在备考研究生的朋友，给我打电话说：

"年纪这么大了再捡起书本真是太难了，没想到准备考试这么复杂和辛苦。笔试、面试加上各种要提交的资料……听说我要考的学校要求非常严格，我真想放弃。"

我没有立刻附和他，我说道：

"要准备这么多材料啊，但你一定很想成功吧？"

我的话音刚落，朋友又跟我倾诉了另一番情况。他神采奕奕地跟我讲，考上研究生对他意味着什么，这段时间他有多么努力，等等。那个刚刚还说自己不行的朋友已经消失得无影无踪了。

有一次，我要去一个公司做培训，其实一两通电话就能沟通完的事情，这个公司的负责人却给我打了好几次电话。她可能也有些不好意思了，跟我说："这是我第一次负责这样的活动，可能考虑得比较多，请见谅。"

我回复她道："大家都很辛苦，您也是为了有个好结果。我理解您是为了确保万无一失，才会反复确认。这次办成功了，才会有下次嘛。"

她说她还担心我把她看作是一个很挑剔的人，我这样想，她就放心了。并且，她对此次活动更加上心了。重点是从那以后她再也没为培训活动给我打过电话，我们至今依旧保持着良好的合作关系。

昨天我老公跟我说：

"我们部门要招聘有工作经验的职员，人事部把这项工作交给了我，我也没有招聘经验啊！准备起来真是头疼。"

我回复他说：

"公平地选拔出一个优秀的人，一定很难，不过辛苦归辛苦，要是真能招来一个人才，你一定很有成就感。"

我说完，他一下子收起了所有的不满，兴高采烈地给我讲他是如何如何准备的……

每个人的心底都有"积极的意图"，都有想努力生活、好好地完成每一件事情的想法。哪怕是当面斥责下属的领导，难道他当初就没有想当好一个领导的初衷吗？忍不住责骂孩子的母亲，难道就没有想当一名好妈妈的决心吗？互相伤害的夫妻之间，难道最初没有海誓山盟吗？

我们需要一位能抓住我们“初心”的知心人。当自己都忘记了自己的初心和本意时，身边某个人能帮你留住它的话，“积极正能量的初心”便不会枯萎。

强化练习

让我们通过下面的情景练习一下3F（听事实—听感受—听意图）技巧。假设公司各部门的代表为了综合项目召开了会议，会后一名职员找到主管埋怨道：

“大家到底想不想做这个项目？要想合作的话，不应该做好自己分内的工作吗？互相推诿太不负责任了！”

这时候怎么回复好呢？从认同这名职员的角度运用3F技巧的话，我们会发现什么呢？让我们试填写下面的空格，做一下练习。

Fact/（听事实）:________________________

____

Feeling/（听感受）:______________________

____

Focus/（听意图）:_______________________

____

主管可以安慰说“忍一忍吧！”，或者一起骂“这些家伙太气人了！”，又或者说“是谁这么不负责任，我帮你解决困难”。但是对方不敞开内心的话，无法做到继续倾听。所以应该注意听职员说的关键词，揣摩他的情感，寻找隐藏的核心意思。

3F 技巧

“看来他们没有认真做工作。”（Fact/听事实）

“郁闷了吧，这事儿是让人生气。”（Feeling/听感受）

“我能感觉到你为了这个项目全力以赴了。”（Focus/听意图）

关于倾听，卡尔·罗杰斯曾说过：

“倾听是指深入挖掘隐藏在单词、想法、情感、说话者意图背后的含义。有时候我能从不是很重要的信息中听出隐藏于一个人外表下的呐喊。”

真正听懂对方的话，好比进行探险、挖掘、采集活动一样，需要集中注意力，使用正确方法找出说话者的情感和所要表达的信息。

每当看到不听朋友的话、反而没完没了地唠叨自己那点事情的人，不等职员说完就打断职员的领导，以过来人的身份安慰朋友说“只有我才会对你这么说，因为担心你嘛”的人，我就会感到发愁。

我们应该关注每个人的内心，而且要了解它是怎么变化的。只有经历过被他人接受和无条件的认可，才能相信自己和他人，进一步处理好人际关系。年幼时家庭和父母承担了认可我们的角色，但是走向社会后朋友和同事们互相期盼着对方成为认可自己的角色。要想和他人处好关系，就要倾听他人的话，要想对方敞开心扉，就要闭上你的嘴，打开你的耳朵。

第四章 打造言碗的说话技巧

CHAPTER 4

我们都希望自己说话时能做到滴水不漏。期待自己说话时思维谨慎，逻辑严谨，自然从容。因此，我们说话时费尽心思努力向对方传达最完美的“成品”，并且羡慕那些说话张弛有度、口若悬河的人。

但说话是以“说”为主，还是以“人”为主，这是不一样的。不要只顾着“说”，要给“人”留下一定的空间。与人沟通时，比起把话说得天花乱坠，其实更应该衬托“人”。

“提问”便是最能“衬托人”的说话技巧，也是最有效的技巧。不仅效率高，而且不需要多说话，同时灵活性很强。因为“话题”会根据你的问题而改变，所以你能从对方的回答中感受到对方的智慧。甚至“提问”还能影响对话双方的关系，使两个人在一问一答的过程中打开心门，分享心得，可以使双方的关系变得特别起来。

不管使用怎样的技巧，前提都是要对对方存有“好奇心”才行。倘若毫无兴趣，甚至想问什么问题都想不出来，不信任或不尊重对方的观点的话，听都懒得听，又怎会对此提出问题呢。

你曾“认真”地提问过吗？是否通过“提问”，获得过有效的对话并巩固了关系呢？接下来我们探讨一下，何谓加深和巩固言碗的技巧，为了问好问题需要考虑什么因素，什么问题对促进友好关系有帮助。

我们为什么不喜欢提问

“提问”蕴含巨大力量

曾经在某企业任职时，有段时间我一直在考虑要不要离职。我把这个念头小心翼翼地告诉了部门的领导，他大吃一惊赶紧挽留我，一有空就找我谈话，一遍又一遍地告诉我不应该离职的理由。奇怪的是，他越是这样我想离开的意念就越强，他说的理由越多，我觉得应该离开的理由就越明朗。

不久，我要离职的消息就传开了。另一位职位更高的领导把我叫到了办公室，走进去时桌子上已经摆好了茶水。

我心想：“又得说明一遍！”

这段时间，我已经听了太多挽留我的话，并且也已经机械性地准备好了答案。

片刻后，领导开口了。

“我能问问你离职后想做什么吗？”

“啊？”

“这么坚决地要离职，想必是找好了退路吧？”

和我预想的对话不一样，这出乎意料的提问让我有些许的慌张，但我还是慢慢回答道：“我想接受一下培训……”领导听得很认真，时不时地还点点头，中间还穿插着提出了几个问题。等我说完后，他思考了片刻，又向我问道：

“要是不离职，在现在的公司也能从事你想做的事情呢？”

他的意思是说，如果公司给我调岗，调换业务内容，让我负责咨询培训如何。他就此征询了我的想法。

“还是不了，虽然我愿意去尝试，但最终和我预想的可能完全不同。但是，还是非常感谢您的好意。”

我虽然坚持了自己的想法，但我真的很感谢他。因为，他真心地尊重了我的决定。而且通过他的提议让我感觉到了我在这个组织的重要性，让我非常自豪和欣慰。

“好吧，那还有什么我能帮你的吗？”

领导不再说服我留下，反而支持我的决定。他说：“既然我改变不了你的决定，那就看看有什么能帮到你。”

几天后，他还真的给我介绍了两家不错的公司。我最后去了他介绍的一家小型咨询培训公司，到现在还在这个公司工作。第二次和那位领导见面时，他问了我最后一个问题：

“今后不想再流失你这样的人才。你觉得公司在哪些地方需要改进？”

领导担心公司的前景，考虑现在还在职的人员，他想了解下属的真实想法。我很坦诚地回答了他的问题。他记得很认真，他的本子上密密麻麻地记录着类似我这样的下属说的话。现在回想起来，发现他把那个本子一直放在外套的内侧口袋里，随身携带。

形成鲜明对比的是，我自己部门的那位领导，在我走之后还时常跟我抱怨说："我那么照顾你，提拔你，你怎么说走就走了！"甚至他逢人便抱怨，时不时还会传到我的耳朵里。但是我理解他的心情，他是因为觉得被信任的人背叛了感到伤心而发脾气。事情已经过去了这么久，有时我仍会以小人之心想："他当时是需要我？还是真心爱惜我呢？"

"他到底明不明白我离职的真实想法呢……"

当年，我之所以没有向部门的领导，而是向更高职位的那位领导吐露真心话的原因是他向我提了问题。

面临重要抉择时，学会提问很重要，通过问问题能让我们理清楚混沌的思绪。因为提问是带有指向性的，所以目标明确。被问到问题的人，就会围绕这个问题反复斟酌，不可能含糊其词蒙混过关。问题越有水平，越会让人反复琢磨，再三思考，这会让杂乱无章的思绪在不知不觉间变得清晰明朗。遇上会问问题的人，会让人思路清晰、心如明镜。

当有人打击我们的意志或否定我们的意见时，我们的内心就像一只小青蛙，变得气鼓鼓的，执拗地坚持自己的意见，这种反抗心理会让我们忽视掉一些应该考虑的情况或可能性。若是面对发自真心的提问，就不会耍性子，会反问自己：

"我真正想要的是什么？"

"这里有这么多相处融洽的人，我坚持离开的理由是什么？"

"难道说，我忽略掉了什么吗？"

像这样，再让自己重新思考一遍。

但是，人们为什么觉得“提问”很难呢？为什么不懂得使用这么经济实惠又合理的技巧呢？是什么因素造成这种阻碍呢？

不喜欢提问的缘由

当问到“面对人或事时，你经常提问题吗？”，所有人都会露出迟疑的表情。即使口才很好的人，一碰上“提问”也会退缩，特别是职场中人，更是三缄其口。

“提问本身就很麻烦，明知问完之后给我的答复肯定和我预想的不一样。如果真是这样的情况多烦啊，还得让提出问题的我去解决这个问题。提问就等同于负责任，谁提出问题谁就得去解决这个问题。要是不知道有问题就算了，若是明知故犯，那责任肯定在我，坦率地说大多数的时候我不想‘提问’，领导直接下达指令更简单。”

提问就代表要“参与”。一旦提问，就得听取对方的回答。对方如何回答是不可掌控的，有可能打开抱怨的话匣子，有可能向我抛回一连串的问题，甚至还有可能向我拜托一些我力所不能及的事。因此，领导和长辈不喜欢提问，他们喜欢下达指示或命令。

可以说，不喜欢“提问”的文化，成了职场的绊脚石。

“我上回参加了一个研讨会，发现‘提问’非常重要，我想在开会的时候试试看，结果大家的反应很一般。大家一副‘他在说什么？’‘他想干什么？’的表情，让我无法再问下去。而且他们的回答都很敷衍，真是让我隐隐地怒火中烧。我一个人学会‘提问’是行不通的，因为整个组织的文化氛围都没做好接受‘问题’的准备。”

到目前为止，在我们的文化中，提问被视作一种“测试”。领导一提出问题，职员就会很慌张，感觉领导是在用问题检验他的能力。人们很难摆脱“提问”是用来评价能力，并会影响考核成绩的想法。正因如此，“提问者”被视为一个挑剔、刻薄、难相处的人，大家尽量回避与这样的人对视。就像大家会在会场上抢夺那个“最不起眼的宝座”，希望离领导越远越好，也像课堂上学生为避免被老师点名，把脸埋在书里一样。

人们会说：

“你就别问了，直接告诉我答案就行了，反正你心中早就有结论了，我回答又有什么意义，还不是被骂一顿。”

抱有上面这种心态的人，当然对提问很反感。

在学校老师也不喜欢爱问问题的学生。虽然老师在每次下课前都会问一句“谁还有疑问吗”，但其实并不希望真有学生问问题。此时举手提问是需要勇气的，就算真有不懂的地方，也因害怕其他同学的目光不敢举手，心里还会揣着“这个知识点不会只有我不懂吧”“我问这个问题会不会显得很蠢”之类的怀疑。

提问的态度也有可能会成为一种阻碍。观察一下我们日常提问说的话，我们会发现许多“提问”本身就带给人很大的压力。提问本身应该刺激想法，但是如果你的“提问”是一把“钝刀”的话，只会让对方心生恐惧，惶恐不安。

“你自己说，你做得对不对？”
“怎么会做成这样子？”
“到底问题出在哪儿？你有没有搞清楚啊？”
“到底哪个是准确的数据？你确定吗？”
“所以呢？”

用上面这些否定形式提问的话，会让人很反感的。

“提问时，人们一般会沿用平时的说话风格。在上次的会议上，我本想好好地使用提问技巧，认真地问了一个问题：‘这是谁做的？’本意是想好好夸奖那个人一番，没想到我此话一出，大家都面面相觑，好像空气都被冻住了。我怀疑是不是我的表情有问题，还是我的语气太僵硬了呢？有时候提问用得不好，真还不如不问。”

传达“问题”的过程也很重要。

提问者所呈现的表情、音调、语感，特别是平时说话的模式等因素，会对接收问题的人造成全方位的影响。因为人们会通过这些信息判断“他是要帮我还是要害我”，因此一个“好”的问题，要包括一个“好”的传达方式。

人生难免要“提问”

我们的日常就是从提问中开始，在提问中结束。早上闹钟响起时，你一定会问自己：

“几点了？还能不能再睡会儿？”

然后做出选择。

上班的路上你又会问自己：

“走哪条路不会堵车呢？”

“到了公司要先做哪件事呢？”

就这样不管是在工作时、下班后还是与家人一起休闲时，只要是睡着之前有意识的话，就会不断地重复问和答的过程。

有可能你没有意识到这些都是提问，其实我们每一瞬间都在发问、思考、回答。提问制造答案，答案促使选择，选择引发行为，行为带来结果。也可以说，“提问”成就了我们的人生。

人生难免要提问，只是区别在于这些问题是在我们的内心枯萎了，还是与他人分享了？我们是把想问的问题汇聚到一起了，还是把它们打散了？“提问”不是一件容易的事情，但对我们来说不能停止提问。接下来，我们就探讨一下不能停止提问的理由。

请在你的言碗中搜寻出一个人，带着如何帮助他提问的思考，一起进入下一部分的内容。

我们为什么要提问

提问是打开心扉的“钥匙”

提问的类型多种多样，有的是因为好奇，有的是帮你进步，也有的是为了解惑，还有的是为了开发潜能、探索未来、追溯过去。如果要问“什么问题有益，什么问题有害”，就像问菜肴是否可口一样，这取决于厨师的水平和料理的手法。其中，最重要的是要懂得归纳问题，使用恰当的手段传达问题，就像好鱼饵配合好技术才能钓到大鱼一样，这样才能成为一个优秀的“钓手”。

曾有一段时间，我忙于工作、育儿、攻读学位，完全没有时间见朋友。我们嘴上都说着“咱们得见一面吃顿饭啊！”可还是一直没见上。直到有一天，我终于和一个五年没见的高中同学见面了。她也是“职场妈妈”，所以我们只能找一个离双方都近的地点见面，就这样我们把见面地点定在了地铁站附近，我们大概有两个小时的时间可以畅聊一番。那可真是一场心酸的小聚。

见了面，我们简单地寒暄后，就想找一个咖啡厅。可能是由于时间紧张，还在路上朋友就开口聊了起来，她先说起了老公的奇葩，结婚第七个年头的她抱怨老公只会耍嘴，从没付出过什么实际行动。

走进咖啡厅找到座位，甚至在点餐的时候，她也没停下来。我大概看了一下时间，已经过去半个小时了，虽然她在反复说同一个话题，但是她的表情一直相当严峻。过了一会儿，我以为她终于要结束她老公的话题了，没想到她又开始说起了她的婆婆，情绪比刚才还激动。

听她讲了一个小时，我心想："她这是积攒了多久的心里话，甚至连喘口气的时间都觉得浪费，一直说个不停！"

我很清楚，不能因为她跟我倾诉这些烦恼，就草率地判断她的生活，也不能误以为她生活得很不幸而去同情她。

她只是认为我很安全，愿意向我敞开心扉而已。她只是想把烦恼吐露出来，把心房打扫干净。所以我没有必要轻率地提出忠告，也没有必要听了她老公和婆婆的事情后为她打抱不平。

对于此时的我来说，正是最需要提问的时候。我问道：

"你俩恋爱的时候如胶似漆，那时候你喜欢他什么？"

问完，我以为她会思考一会儿，没想到她立刻回答说，她老公很浪漫很顾家，并且现在也是如此。她老公下班回家后懂得跟她分担家务，虽然很不情愿，但还是会很笨拙地向她表达爱意。此时，朋友浑身上下散发出来的都是对她老公的信任和满满的爱意。

“都七年了，感情还这么好！那你婆婆呢？你说她管得太多，是不是她对你们有什么期待？”

朋友叹了一口说，结婚的时候，婆婆给他们买了一套房子，所以现在处处干涉他们的生活。她认为一结婚就有了自己的房子，确实是少吃了很多苦头……从她的言语中能听出来，她对婆婆又爱又恨，所以回答我的问题时，我朋友总是笑着笑着又疾言厉色起来。

不知不觉间过去了两个小时，分别的时候朋友还依依不舍，握紧着我的手把我送到了地铁站的检票口。我坐在地铁上，收到了一条手机提醒的信息，原来是朋友在SNS（社交网络平台）上上传了一条朋友圈，她设置了“向我公开”，所以我也收到了提示。朋友圈的内容是：

我身边有一位能“治愈”我的人。
看到伤痕累累的我，也不为我的处境悲观，
更不会盲目地安慰我。
她可以让我很放心地对她敞开心扉。
她能给我紧张的生活注入能量。
她让我燃起努力生活的希望。
尤其是，即便她没说什么忠告和建议，
就只是聊聊天，也能让我心情放松下来。

我反复读了好几遍朋友的这段心声。其实只要认真地倾听，关切地询问就能让人们敞开心扉，自我反思，不需要非得附上加油打气之类的言语。人人都有初心，人人都想把事情做好，人人都希望能在跌倒的地方再爬起来。

人人都想从别人那里得到认可，想证明自己能做到，想确认自己现在做得很好，想证明自己是一个不错的人。如果能在与他人的交谈中发现这样的内在想法，试问还有比这更好的送给对方的礼物吗？这就是“提问”的作用。

试着向朋友抛出一个充满关怀的问题吧：

“上次你说你在准备的那件事，还顺利吧？”

“最近有什么让你开心的事吗？”

问问你的爱人：

“你觉得你什么时候最棒？”

“亲爱的，在养育孩子的过程中，你觉得什么时候最幸福？”

再问问你可爱的孩子：

“你这次要是达到了你的小目标，你的心情会怎样？”

“你要是靠自己的力量完成，你觉得旁人会对你说什么？”

不要把提问想得太难，能给予身边人关切的询问就会令人很开心，变得有自信。能让人心头一热或注入希望的提问都是好问题，只要能让对方侃侃而谈曾经做了什么、现在正在做什么、将来想怎样做的问题都是好问题。

什么样的问题能让对方提起兴致？其实只要一个小小的问题就能让对方的心里充满幸福感。提问的时候，不需要高水平的口才，需要的只是对对方的一份关怀。

提高参与度和责任感

EBS电视台一档叫《游戏的叛乱》的节目中，介绍了关于“自主性”的一项实验。节目组人员把一群满5岁的孩子分成了三组。第一组由老师指定玩一个游戏。

“小朋友们，我们现在玩堆积木游戏，知道了吗？”

第二组的老师向孩子们提建议。

“小朋友们，我们现在玩堆积木游戏，好吗？”

第三组的老师给了孩子们选择权。

“小朋友们，你们想玩什么游戏啊？（听取孩子们的回答）好的，那我们现在就来玩你们想玩的游戏吧。”

三个组的孩子们依照老师的要求开始玩游戏，过了15分钟，老师说道：

“想继续玩这个游戏的小朋友可以继续玩，想换个游戏玩的小朋友也可以玩别的游戏。”

听到这句话，各组会有什么反应呢？

老师的话音刚落，第一组的孩子们就飞快地收起了手头的玩具。这表示这个游戏虽然也很有意思，但这是老师让玩的，不是自己想玩的。第二组的反应也大致相同，虽然老师亲切地征询了孩子们的意见，但孩子们仍感觉选择的主导权还在老师那里。第三组的反应完全与上两组相反，面对这次可以改变选择的机会，孩子还是选择了继续玩现在的游戏。其实，真正在玩游戏的只是第三组的孩子们。

即使是小孩子，他们在玩游戏时也想掌握主导权和自主性。所以真正想跟孩子做游戏的话，就要做到让孩子自己主导游戏规则，大人跟着照做就行。如果一直在旁边说“这样玩才对”“那样玩不行”，干涉孩子的话，他们就会对游戏失去兴趣。

这就是自主性，是一种尽最大可能想自己做选择的倾向。人们会对自发的想法做出反应，如果遏制这个想法，就会导致胡思乱想。

“提问”便是自主性的沟通方式，不是把对方生拉硬拽过来，而是让对方自己走过来。通过回答问题让对方参与进来，通过回答的过程赋予对方选择的权利。

“通过这件事你想获得什么？”

“这项工作按什么流程走好？”

“你最有自信的做法是什么？”

“你想尝试改变什么？”

言语的“出处”很重要。话是由谁说的，能决定谁是主人公还是群众演员。面对提问，大家都会集中注意力，也就很自然地参与进来。一旦参与了就会产生责任感，责任感增强了就会付出远大于从前的努力，最终带来更好的结果。这种良性循环的持续，就是人们的成长过程。

设计提问

没有“提问”的对话、会议或报告，是“沟通不顺畅”的最直接信号。

有个企业管理人员咨询我如何能把自己的公司打造成“爱提问的组织”。他想把“提问的技巧”运用在企业内部。他希望公司所有员工，不分职务高低、上下级关系，在沟通时都要使用“提问技巧”减少损失，提高工作效率。

我对他的员工们进行了三个月的培训。首先我让员工展开了一次“问题研讨会”，不论资历深浅，不分职位高低，所有员工全部参与讨论“提问”的必要性和技巧。研讨结束后，让所有人动脑筋想想“我们的组织需要提出什么问题”并一一列出来。之后以公告栏投票的方式，让大家选出一些问题。作为培训师的我设计了整个流程，并负责指导整个过程，最终进行了归纳整理。

通过员工们的积极参与，得出了以下结果：

汇报工作时：请领导对新入职员工提问。

Q.你想通过这份报告表达什么？（目的）

Q.写报告的过程中，最头痛的是什么？（分析现状）

Q.你想对这份报告感到满意的话，还需要添加点什么内容？（挖掘潜能）

Q.汇报结束后，双方（领导和新人）还得再核实什么？（事后跟踪）

开会时：请互相提问。

Q.通过本次会议我们要解决什么问题？（目的）

Q.怎样做才能让会议进行得更有效率？（方法）

Q.（会议结束之前）我们不能忽略什么？（确认）

Q.在今天会议上讨论的内容，如何转换成实质性的成果？（事后跟踪）

工作时：工作过程中，请向自己提问。

Q.我是否把今天的工作任务划分出了轻重缓急？（优先顺序）

Q.我现在做的事情对我自己有什么提升，对公司有什么贡献？（价值）

Q.要想出色地完成手头工作，还需要做些什么？（超越）

Q.通过现在的工作能学到什么？（成长）

我把“提问背景”分为汇报工作时、开会时和自己工作时几个模块，设计了上面那款“提问表”，把“提问对象”设为领导与新人互问或自问的形式。并把这些问题打印出来贴在椅子周围，同时制作成提问卡摆在了很多人会聚集的场所或会议室。不知道是不是因为可以自主发挥写下答案，最终得到了积极的响应。

3个月后我回访了那些员工，我问道：“这个‘提问文化养成计划’进行到现在阶段，对你最大的帮助是什么？”他们回答说：“通过问答方式，可以比以前更活跃更积极地参与到对话中了。”“以前开会就是那么几个人在发言，现在通过提问方式，发言的比例得以分配，大家都有发言的机会了。”

还有人回答说：“这让我洞察了自己的办事风格和看待事物的角度”“通过提问，养成了互相学习的氛围，还有以前觉得‘没什么大不了的小事儿’，现在也养成了做之前再仔细核实一遍的做事习惯。”甚至还有人说：“以前没有提问的习惯，有很多事情就那么敷衍搪塞过去了，现在想想都后怕。”

公司总负责人说道：

“让我很欣喜的是，大家都准备好‘接受提问’了，起初可能还有点尴尬，提问模式使用起来还不太得心应手，但是已足够预判对方要问什么，因此可以提前思考，促使他们自己提前发现问题和解决问题。并且一问一答的过程，也是纠正错误的过程，通过问答得到好结论的案例增加了不少。”

“提问”没有阶级、阶层限制，不一定非得是从上往下问，可以向同事、向领导提问，这是一种良性刺激。当然，要做到这一点，首先要卸下自我防御，放下权威意识，不要自以为是领导就强迫下属，也不要畏惧向领导发问。

说一个题外话，我和丈夫每年都举办一场“夫妻研讨会”，要么租一个小别墅，要么会找一个空场地。说白了就是到会的每个家庭总结一下过去，展望一下未来的活动。研讨过程由我来主导，我的方法很简单，我会给他们准备好一系列问题，再让他们把答案写在便利贴上，然后让夫妻双方互问问题。

举例来说，我大致会列出如下的问题：

这一年做了什么对家人有意义的事情？

给你今年的目标完成情况打分的话，打几分？为什么？

最感激对方的事情是什么？最愧对对方的事情是什么？

明年要考虑的家庭价值是什么？

你明年的目标和计划是什么？

该如何互相帮助？

成功的话，想怎样庆祝？

我之所以坚持组织这个活动，是为了提高夫妻双方的责任感。都说夫妻是一体的，但在生活中夫妻双方疲于生计，真正面对面的时间并不多。即使有时间面对面，也会先说一下当下需要解决的问题，根本没时间设立家庭的长远目标，夫妻双方因为不知道应该给予对方怎样的帮助，从而产生误会的情况很多。

通过这个研讨会夫妻说出彼此的想法，互相理解、达成共识后，就会产生“我们是一体的”意识。有些事不需要有人扮黑脸，也不用埋怨对方“为什么不努力”，靠自己就能做好。一起探讨走过的风雨和展望未来的过程，能使夫妻加深感情，产生夫妻同心，其利断金的效果。这股力量能支撑这个家庭迈入新一年的征程。

想要与对方的关系天长地久，就要让对方参与进来，想要真心栽培对方，就没有比“提问”更好的方法了。授人以鱼，不如授人以渔，只有这样做，才能让对方尝到“成就感”的甜蜜。

注意事项

“提问”是终身可用的沟通技巧，但有一点需要注意，那就是不要现学现卖，不要期待马上能见成效。

每次练习完“提问的技巧”，我都会交代大家“今日所学不能现学现卖”。许多人都觉得很奇怪。

“不让用？”

“其实，之前有几次培训结束后，参加者身边的人对我说‘要是没开展过这个培训活动就好了’，为什么会有这种情况呢？”

现学现卖的话，大家都会猜到你提问的原因，忍不住笑起来。没错，正是因为好多人接受培训后，立刻就拿身边人演练。其实错误不在于尝试提问，而是在于提问者根本坚持不了多久就恢复原样了。平时开会时总是一副“你这么做！”“你那么做就行！”“你先听我说……”的态度，结果突然改变话锋问大家“你是怎么认为的？”“你要不要说说你的想法？”之类的问题，这会让组员们不知所措，心中犯嘀咕：“估计是出去进修了两天，回来才变成这样子的！”

平时总对孩子说“叫你做什么你就做什么，别那么多废话”或者“你还小，你懂什么！”的父母，某一天突然话锋一转，跟孩子说“你想怎么做？”或者“我能怎么帮助你？”之类的话，孩子会有什么反应呢？说不定会被吓得不轻。

想学以致用没有错，但变化太突然的话，你身边的人根本跟不上你改变的速度。毫无思想准备的人，会被你问得不知所措，支支吾吾地“啊？”“是哈！”“嗯……那个……”回答不出来。你又会因此而愠怒，觉得对方配合得不好，于是没问两句就放弃了。本想好好压制脾气听听别人的声音，最终还是失败了。在旁人看来正印证了他们心中笃定的“早知道他不会改变！”的想法。

下面说一下我自己的经历，我在不知不觉间做了13年的培训师。我曾经也是个菜鸟，当时为了拉近与学员的关系，通常是以提问开场的，却忘记了大部分人还是讨厌被问问题的。

起初这种冷场很尴尬，也很让人泄气。没有人愿意主动回答问题，这让我既不知所措，又很难受，还担心气氛就此冷下去。所以，自己还得主动回答说“这个是这么回事……”“众所周知……”，把话题引导下去。

听众很聪明，他们一听就知道我自己把答案说出来了。然后他们就一直在旁观，整个培训过程参与度很低。从头到尾都是我一个人在讲，听众反倒成了站在旁边抱着膀子监督讲师的观察员。

终于有一天，我下定决心：

“这次我绝对不自己把答案说出来，要忍住！”

当天的氛围还是照样很冷，我如同往常一样抛出了问题。

“你们怎么认为？”

果然不出所料，下面鸦雀无声，不是怔怔地看着我，就是避开我的视线。于是，我眯起眼睛环视了一圈，当然也没忘记保持笑容。

“我相信你们会回答我的问题，我就在这里静候着答复。”

就这样过了5秒后，下面开始窃窃私语。我之所以有胆量这么做，是因为我相信“没关系，一定会有人回答”。这个想法从未让我失望，截至目前未曾失败过。不超过10秒肯定会有某个人忍不住开口说道：“那，我来回答吧……”每次第一个开口的人，他们要么是性子比较急，要么是想给我解围，我每次都会对这位打破沉寂的第一位回答者报以无限的感激和鼓励。

“非常感谢您在关键时刻回答这个问题。”

这句点评非常重要，就算回答得不尽如人意，但只要有人愿意开口就足够了。此时只要毫不吝啬地给予积极的肯定，就会让其他人感受到“无论怎么回答，自己都是‘安全的’”。

讲师表现出来的包容态度，让其他人看到即使答非所问也不会遭到指责，这会让更多的人鼓起勇气张开口。此外，如果有人能觉得自己的回答给讲师或其他人带来某种启发的话，会更好地提高个人的参与度。

接下来讲师要做的就是，在学员的各种答案上进行补充，再讲一下重点就可以了。

“对于各位所提出的意见，我做一点补充。”

“我再举一个跟您说的相似，但又有一些不同的例子。”

经过我的努力，等我再问问题的时候，学员回答情况真是一发不可收拾。最初只是你一句我一句，到了培训课程的中间阶段，甚至有人开始大声抢答了。此时的学员已不把提问看作一种测试，只当提问环节是一个正常的流程罢了。

这样的氛围才是全员都参与进来的培训，大家不仅学到更多内容，注意力也提升了不少。由此，我总结出提问时要注意的三个事项：

第一，提问后要耐心等待，不可自己先回答。

第二，不要计较回答的水平，都要给予肯定。

第三，灵活利用各种回答，简单地进行补充反馈。

不是因为你问了，期待对方回答，对方就必须回答。双方都需要耐心等待，都得忍受打破僵局之前的沉寂。提问者要首先具备信任感，不要催促对方，要面带微笑地用表情和眼神示意“没关系，你慢慢考虑”。值得庆幸的是，人们被提问的次数越多，我等待答案的时间就越短。

所以千万不要贬低对方的回答，即使是很隐晦地流露出“你说的那个也算个解决办法？”“你能说出什么好主意”之类的信号也不行。你若表现出这般的态度，对方以后就再也不会张口了。不用非得说“真好！”“真棒！”“太厉害了！”这样的评价。如果你不认可对方的说法，可以尝试用以下的方式，给予对方反馈，既不失尊重又可让对方保全颜面。

“我这个问题比较刁钻，非常感谢您的回答。”

“您的说法让我知道了我哪些方面还欠考虑。”

“您说的这个观点，我还真没考虑过。”

“啊，原来还可以这样理解啊。”

“这样解释也行得通哦。”

在这基础上，如果需要的话可以再做一些补充。补充的内容当然是简明扼要地把对方的回答往好的方面谈几句就行了。因为如果点评得太多，会淹没掉提问的实质，所以要以对方的回答为落脚点，在此基础上稍微添加自己想强调的内容，或补充自己的意见即可。

“我好像可以理解你为什么这么说。”

“若是能再考虑一下这一点的话，就完美了。”

“要是能再拓展一下那个想法，你会________________。”

“如果从________________观点考虑这个问题的话，会有什么不同吗？”

如果是举办两天的讨论会，在第一天结束之际，我会让他们给自己的爱人、孩子或好朋友打一通电话，在通话时尝试提出问题，并记录下对方的反应。

第二天早上，从学员们互相分享的记录中不难发现，根据提问者与被提问者平时关系的远近，被提问者的反应大致如下：

“你怎么了？好奇怪啊！”

“这一点都不像你，你要干吗？”

“这是你今天培训所学的内容吗？真不错。”

“是啊，当然有，你听我跟你说……”

面对突然抛出的问题，“平时的关系是否坚固”成为左右对方反应的重要因素。通过观察对方是自然地接受问题还是对问题感到“不自在”，可以看出自己平时的行为是怎样的。要想让“提问”发挥真正的作用，就要反思并改进你和对方的关系，说不定提问之前的准备过程才是最重要的环节。

如何提问

提问的技巧

到目前为止，我们了解了提问需要的背景和前提，接下来让我们仔细分析一下提问的技巧。首先让我们思考一下自己提问的能力达到什么程度。在工作、家庭、聚会上，你常提哪些问题？你认为你的提问给对方带来怎样的影响？

我问过很多参加讲座的人，他们都说自己通常会提以下问题。

“做完了吗？”

“什么时候能结束？”

“结论是什么？”

“谁说的？”

“你为什么那样做？”

看到他们回答我的问题时露出的尴尬笑容，他们似乎知道自己所提问题的不足。好的提问没有模板，但可以肯定的是上述问题无法让他们成长。

《改变提问，改变人生》一书中提到，随着你提的问题不同，你的人生也会不同。根据你的提问，你有可能成为“学习者”，也有可能成为“评判者”。

引导你成为评判者的提问：

哪里出了错误呢？

是谁的错呢？

我会受到伤害吗？

怎么证明我是对的呢？

太让人失望了，他们为什么这么幼稚呢？

引导你成为学习者的提问：

哪些是进展顺利的事情呢？

需要我负责的是哪些呢？

在这件事情中，哪些是对我有帮助的呢？

我应该学习哪一点呢？

哪些是我能做的事情呢？

“评判者”在生活中出现问题时，首先会考虑是谁的错误。“评判者”为了回避责任，会找逃避的方法。在找出是谁的错误和埋怨的过程中，他们会受到伤害，感到后悔和失望。相反，“学习者”首先会发现错误的原因，以自己的责任感和能力，创造生活的意义和希望。

书中提到，“评判者”和“学习者”因所提问题的不同，会经历不同的世界。也就是说，在生活中无意识地提问会左右你的心情和行为。因此，面对生活中的大小事情时，有必要反思一下自己的提问。

我在生活中常提哪些问题？

我在生活中是否属于“评判者”？

想从另一个角度看问题的话，应该怎样提问？

在人际关系中亦如此。根据你的提问，对方会做出不同的回答，从而左右对方的心情和行为。我们对孩子的提问，有可能会引起孩子的自我防御或辩解，也有可能会引导孩子自律或深思。同样，对同事的提问，有可能会扰乱同事的心神，也有可能会让同事很痛苦，但能引导同事成长。

哪些是好的提问呢？这点很难判断对错。即便提问者认为“这是一个很好的提问”，但最终的评价是由被提问的人做的，因此所有的提问都会随着对方的理解产生不同的结果。

下面给大家推荐一些得到过较好反馈的提问，为大家减轻提问时的负担。我把这些提问叫作“OFTEN提问法”。

Opened Question(**开放式提问**)

——引出潜在的想法和意见的提问

If Question(**假设性提问**)

——脱离现实的限制，从各种立场和观点思考的提问

Target oriented Question(目标指向性提问)

——聚焦于目标，引出正能量的提问

Emotion Question(共情式提问)

——聚焦于人，理解对方内心的提问

Neutral Question(中立性提问)

——不强迫他人思想、意图和情感的提问

开放式提问

开放式提问是指能让回答者畅所欲言的提问方式。也就是引导对方多说话、不断说话的提问方式。提问者最好是提前斟酌好再提问，好让对方能尽情地吐露心中的想法。

与“开放式提问”相反的是“封闭式提问”。比如，能用“是与不是”来结束回答的问题就属于“封闭式提问”。大多数“封闭式提问”的意义不在于深入探究对方的想法，只是一种形式而已，又或者自己早有定论，只不过是通过对方再确认一下罢了。所以，“封闭式提问”起不到提升参与度的作用。

当然，“封闭式提问”也有能派上用场的时候。在互相信任的前提下，“封闭式提问”也能把对话进行下去。比如，在对话的刚开始，或面对特别寡言少语的对象时，往往会特意使用这种提问方式。另外，使用“开放式提问”前要仔细斟酌要问的问题，不要说车轱辘话来回转，要用简短的几句话引导对话。特别要注意的是，不要一句接一句地问，那样会让人产生被逼问的感觉。

“封闭式提问”的例了：

你没事吧？

你报告书准备得还顺利吧？

你确认过了吗？

你能做好吧？

你还有什么想说的吗？

“开放式提问”的例子：

你最开心的事情是什么啊？

准备的过程中，你最伤脑筋的是什么？

你有什么要分享的吗？

想要成功，你觉得还需要进一步做什么？

你还有什么需要补充的？

假设性提问

“假设性提问”是指摆脱既有的局限性，从其他层面看待对方的提问方式。我们总是被束缚在某些限制当中，时常因职位、地位、时间、预算、人手不够或经验不足等原因，无法改变现在面临的困境。

爱因斯坦说过“你无法在制造问题的同一思维层次上解决这个问题”，那么就意味着你需要换个思维模式。如果你觉得路被堵死了，那么你就有必要后退一步思考问题。不是只考虑现在，要考虑过去和未来；不是以自己的立场考虑，要从旁人的角度考虑；不要纠结局限性，要分析已有的条件，寻找解决方案。

“假设性提问”具有很多强大的力量，其中一个力量就是它能跨越时间和空间。比如，通过提问可以跳回过去，用另一种方式重新感受当时的情况，又或者可以想象一下，你如果拥有了能够颠覆现在的力量会怎样，还能畅想一下自己未曾经历过的未来，这些都是提问具有的力量。使用“假设性提问”，下属可以变领导，甲方可以变乙方，还可以思考现在手头的工作除了成功与否，是否还有其他可能性。摆脱狭隘的视角，就能在你曾经忽视的部分中发现机会。“假设性提问”能帮助你摆脱固定的思维模式。

与“假设性提问”相反的是“现实性提问”，就是一种确认当前状况的提问方式。“假设性提问”是针对没有发生的状况提出的问题；“现实性提问”是针对已经发生的状况，进行再确认的提问。“现实性提问”大概是我们日常中最常用的提问方式了。

“现实性提问”行不通的时候，不妨使用一下“假设性提问”。

“现实性提问”的例子：

事情进展到哪一步了？

现在最热门的话题是什么？

哪几个事项需要做决定？

重点是什么？

哪部分进展得顺利？哪部分进展得困难？

“假设性提问”的例子：

如果再给你一次机会，你想做出什么改变？

如果这件事肯定能成功，你觉得最大的成功因素是什么？

如果由你来主持工作，在此基础上你还会考虑什么问题？

如果我们的预算充足，你想做怎样的尝试？

如果时间充分，你觉得哪些部分还需要再斟酌？

目标指向性提问

“目标指向性提问”是指在完成目标的过程中，针对可预见的积极结果的可能性进行提问。完成一项工作时，目标本身有可能很难完成，而且还存在市场环境恶劣、内部体系复杂、合作过程不愉快的可能性。但即便是这样，“目标指向性提问”也会突出积极的一面。

偶尔有人会问“现实情况如此残酷，只谈积极正能量的问题，能有什么帮助？会不会忽略掉一些隐患？”

无论如何，提问是帮助人们做出“改变”的工具，是向着更好的方向努力的“桥梁”。“目标指向性提问”能让人在做出改变时增加干劲儿、找到动力。把“做了有什么用，反正也不行”的消极想法抛开，把心态点燃成“不管怎样，都要再试一次！”的话，就会说服自己鼓起勇气在困境中做最后一搏。

“目标指向性提问”能激发出“不论如何都不要放弃，我们一定会东山再起”的斗志。让人不要沉浸在困境和挫折中，针对获益、专长以及可能性进行提问的话，人们在一问一答中达到“充电”的目的。

相反，“障碍性提问”是为了分析阻碍目标达成的因素而提问。“目标指向性提问”更趋向于观望未来，比起现在所受的局限性，更关注身边的资源或存在的机会。反之，“障碍性提问”更关注的是面对现在的困难和错误如何解决、怎样检讨和应对。这两种提问类型，都是我们生活中不可缺少的。

重点是如何平衡这两种看待问题的角度。在能够冷静分析现状的同时，还得考虑未来发展的潜力。如果你想要帮助某人成长或作出改变，建议你先从“目标指向性提问”入手开启话题。一上来就提出“问题出在哪里啊？”“行不通的话，你打算怎么办啊？”之类的障碍性问题的话，会让对方感到害怕和不安。心里没有安全感的话，人们是看不清大局的，只会死盯着问题点不放，就很难发挥自己的潜能。一开始就被锁住咽喉的话，之后便很难再鼓起勇气面对挑战。

“障碍性问题”的例子：

问题出在哪里？

失败的话有什么后果？

由谁来承担责任？

我们疏忽了哪一点？

我们要面对的最糟糕的局面是什么？

“目标指向性提问”的例子：

我们最终想要达成的目标是什么？

如果能成功渡过这个难关，我们能收获什么？

目前情况下，我们最佳的选择是什么？

你的资源中，有哪些可以帮助你解决问题？

你能发动身边的哪些优势？

共情式提问

“共情式提问”是指针对心灵和情绪提出的问题。最近不是流行“扎心了”这句话嘛。以“既成事实”施暴，即以事实为依据攻击对方要害的意思。用“事实”攻击他人，是无视对方情感和情绪的行为，完全不顾及隐藏在“事实”背后的情感。

要想建立心与心的连接，必须寻找存在于“事实”背后的真心，找出埋在真相中的隐情。否则，对话就会变得模糊不清，停滞不前，或者朝着意想不到的方向发展，从而伤了对方的心。

“共情式提问”给我们创造了反思的时间。情感能触及“理性”所顾及不到的领域。通过问答，会让你反思自己都不知道的内心感受，从而达到治愈的效果。“共情式提问”能让我们暂停脚步，反思自己。

反之，“事实性提问”是针对类似事实、数据和流程之类，可以用眼睛确认的、看起来是事实依据的东西进行提问。人们习惯于“事实性提问”，每当进行“共情式提问”的时候，都会相当害羞。尤其是中年男性对心灵、情感和心情不那么敏感，也不爱表露，所以想让他们打开心门确实有些困难。因此，要想处理情感问题，首先自己要直面自己的情感，练习表达情感。

站在你面前的这个人，如果你感觉他今天的思绪特别散漫、容易出错、脸色暗沉、心情不大好的话，此时需要做的是“共情式提问”。追究真相之前，得先询问对方的心情。

“事实性提问”的例子：

具体证据呢？

已被确认的事实是什么？

需要什么数据？

需要验证的材料是什么？

需要改进的流程是什么？

“共情式提问”的例子：

你当时是什么心情？

你的真心话是什么？

是什么让你举棋不定？

那是什么样的心情？

你想忽视的“心灵呐喊”是什么？

中立性提问

“中立性提问”是指不包含任何情感或意图的提问。以简单明了的提问方式询问对方的意见。相反，有些提问虽然带有问号，但问题本身已经具有答案了，乍听之下好像是在征求你的意见，但其明显是为了诱导对话的方向而提问，这类提问被称为“诱导性提问”。类似“你不觉得你应该打扫一下房间吗？”“是不是很好吃？”“这个还不错吧？”之类的问题就属于这类提问。

提问是让对方积极参与对话的工具。通过敞开心扉反思自己，有助于激发新灵感。但你若是在提问的时候，显露出想要主导对话方向的意图，便会让对方产生压迫感。面对这种提问，人们容易把自己的想法、情感和本意迅速地隐藏起来。

提问应该建立在对“人”的好奇心上。但是如果提出的问题重点不是以关心“人”为出发点，而是把重点放在“话”上，提出“诱导性问题”的话，不仅不能获取对方的实话，还会让对方产生抗拒感，被提问者会感到不悦。从这个意义上说，“诱导性提问”是各种提问方式中，最该避免的提问类型。

不论提问者如何小心翼翼，如果被提问者听到“诱导性提问”的话，被提问者都不会在自己的内心寻找答案，只能是按照提问者限定好的问题寻找对与错的答案，就像下属窥伺领导、孩子观察母亲一样，答复提问者所期待听到的答案。因此，你要是有自己独到的见解，请直言不讳，不要拐弯抹角地试探。直截了当地说出自己的意见，明确表达自己的意思，可以避免引起不必要的困惑。提问者要仔细斟酌自己的提问，想清楚自己有没有使对方感觉到被试探，自己传达的信息是否含有双重含义，从而使对方产生了混乱。

“诱导性提问”的例子：

按照你的思路走，会成功吗？

你以前没做过这个吧？

你在规定期限内能完成吗？

我是这么想的，你呢？

你是不是得先做这件事？

“中立性提问”的例子：

有什么优点和缺点？

根据以往的经验，这件事应该怎么做？

要想促成这件事，需要什么条件？

判断标准是什么？

划分轻急缓重的方法是什么？

练习

虽然我们在理论上了解了拓展提问技巧的OFTEN提问法，但实际应用时很难区分这些提问的类型。例如，“你希望通过这次培训学到什么？”这个问题既是开放性提问也是目标指向性提问，还是个中立性提问。同理，封闭式提问也可成为现实性提问，也可能混合了障碍性提问、事实性提问、诱导性提问等。但只要你掌握了提问的类型，就能在适当的场合问出恰当的问题。

现在让我们针对各种不同的情景进行一些练习。下面是发生在办公室的一个对话场景：

“领导，我和金科长一起共事真是太累了！心里不舒服，根本没办法工作。金科长好像看不上我，明明可以睁一只眼闭一只眼的事情，也要在我身上挑毛病，在别人面前还说一些瞧不起我的话……我真受不了了。”

如果下属这样跟你抱怨，你会使用什么样的提问继续对话？让我们回顾一下前面学过的五种提问方式，自己设计一组问题吧。需要注意的是，不要费力地寻找完全符合各自类型的问题，仔细考虑各类型的特征和本质，灵活地设计问题更为现实一些。

问题1.____________________

问题2.____________________

问题3.____________________

问题4.____________________

问题5.____________________

当然，除了提问题，还可以说一些劝解和忠告。

“金科长没有理由讨厌你啊，可能是你们性格不合，或工作方式不同吧！”

“金科长确实是一个很挑剔的人，他对工作向来都这么认真！你就当成学习的过程好了！”

“你心里这么不舒服，怎么办好呢！谁让你是下属呢，只能忍着了！”

此时，稍不留意就会掉进“自己想发表意见”的旋涡中。因此，一定要记住你现在单方面地滔滔不绝，对对方毫无帮助。下属现在很受伤，正沉浸在无法与金科长共事的想法中，你觉得用几句话就能改变他的想法真是太贪心了。

你也可以像下面这样带着意图提出问题：

“你和金科长约谈过吗？”

“你单独负责一项业务，怎么样？”

“你有没有冒犯过他？”

但这些不能算是提问，它们虽有提问的形式，但不中立，是一种诱导。问题中包含局限性和攻击性，因此很难认为是纯粹的提问。无论这个提问有多么深刻的洞察力，人们都不会对这样的提问敞开心扉。

下面举例说明何为包括五个类型特点的问题：

开放式提问的例子：

具体哪一方面最辛苦？

具体说明一下，什么情况下你感到特别不舒服？

假设性提问的例子：

如果换作你是金科长，你会怎么想？

有什么东西是你们双方都没看到的？

如果有机会再谈一次，你想说什么？

如果两人的关系可以重来，你想在哪些方面做出改变？

目标指向性提问的例子：

过去你有过类似的经历吗？当时是怎样克服的？

既然已经这样了，你还想做些什么？

共情式提问的例子：

听到他那么说，你是什么感觉？

你对金科长的真实想法是什么？

中立性提问的例子：

目前情况下，你能做和不能做的是什么？

你认为当务之急你最该解决的是什么？

这些提问在与子女的对话中也很有用。

“妈妈，我觉得公务员的工作不适合我，不是说稳定的职业不好，而是我喜欢挑战带给我的刺激感。所以就算多花点时间，我也想找一个自己喜欢的工作。”

如果子女跟你吐露出这种心思，他的想法与你的期盼大相径庭，你该怎么做？你当然有很多话想对他说，但是在这种情况下用言语几乎不可能改变对方的想法。如果此时父母把侧重点放在谆谆教导上的话，很容易变成各说各的，会导致气氛变得紧张。这种情况下，最重要的是不应该立刻给出结论，要尝试提出一些中立性问题，避免对话无法进行下去。要通过提问帮助孩子反思并琢磨自己的想法是否明智。那么，我们该抛出什么样的问题呢？

此时要注意的是，不要使用诱导性提问。如果没有自信，索性就不要使用任何技巧，按照平时的说话方式提问便好。

问题1.____

问题2.____

问题3.____

问题4.____

问题5.____

开放式提问的例子：

是什么让你产生了这种想法呢？

你现在明确得出的结论是什么？

假设性提问的例子：

如果5年以后你能见到现在的你，你会有什么想法呢？

如果现在放弃，你最后悔的是什么？

如果你的好朋友也因为这件事苦恼的话，你会给他怎样的建议？

如果没有心理压力，你想尝试做什么事情？

目标指向性提问的例子：

从这些烦恼中你能学到什么？

什么方法能帮助你做出更好的选择？

共情式提问的例子：

你现在心情如何？

你最期待什么，又最担心什么？

中立性提问的例子：

现在哪些事情是你必须做决定的？

你还需要进一步确认什么？

这些提问技巧在与朋友交谈、与同事开会、与客户开会时都非常有用。当然这些技巧并不是带有魔法的万能钥匙。“OFTEN提问法”就像是为初次接触提问技巧的人们准备的一套“产品”，在你熟悉提问规则，并且懂得关心“人”比提问更重要之前，可以把它们看成是一面指示方向的旗帜。当你终于能随心所欲地以问答的形式交流时，你会发现自己也会觅得更多样的提问技巧。

一个好的提问是有深度的，它能引出深藏于内心的故事。一个好的提问是犀利的，它能准确地提醒对方遗漏的部分。一个有力度的提问是简单明了的，不会附加任何多余的想法，不冗长也不失衡。

提问的练习做多了，就会不自觉地想要问出更高水平的问题。弄不好你会被“下次该问什么问题呢？”的想法所束缚，无法集中精力进行现在的对话。有水平的提问不是来自你的头脑，而是来自对方的言语中。提问不需要有备而来，你要从对方的言语、情感中找出问题点。

人与人之间的对话没有固定的脚本。所以提问也会随着话题的发展而变化，当然也要随着对象而变化，要向困在绝境中的人抛出假设性提问；向陷入负面情绪的人抛出目标指向性提问；向需要时间审视自己的人抛出共情式提问。对方的需求，就是你能问出的、最有水平的问题。

所以说，真心地倾听造就了“好的提问”。如果你试图想用一个刁钻的提问，一下子点醒对方的话，反而会失去这个人。首先你要让对方打开话匣子，充分地倾听并给予对方鼓励，让对方消除顾虑。当你与对方感同身受时，才能使对方放下戒备不抗拒你的问题。抛出提问后，不要想着下一个提问，而是要耐心等待。如若做不到这一点，你的提问在对方眼里就会变成拷问了。

现在我们尝试一下，将前面所学的技巧用在自己的身上吧。自己要学会“品提问”，才会提问，自己要乐于寻找答案，才会认可提问的价值。这样才会产生与亲近之人分享问题的兴趣。

不要贪心，我们从简单的提问开始。提问并非都像“人为什么活着？”“打算怎样面对死亡？”这样严肃，我们可以从一些平凡的日常琐事问起。只要一步一步坚持下来，你终究会领悟到什么是“以人为本”的提问。

你会用什么提问开启今天的日程?

现在我需要对自己提出什么问题?

我埋在心底好久的疑惑是什么?

第五章
人际关系中的“言语”

CHAPTER 5

懂得适可而止

几周前，在熟人的葬礼上见到了两位教授和他们的学生。一位教授说了很多生活的见闻，另一位教授询问了学生们日常和近况。学生们毕恭毕敬地把双手放在膝上，专心听取着教授的建言，并时不时地点着头，在另一位教授亲切地询问下倾吐着自己的近况。我望着他们突然想起了“适可而止”这个词。

《沉默的技巧》一书中，有这么一段话。

“上年纪的人首先要避免说太多话，以免让听者感到疲惫。年纪越大越容易犯的错误之一就是‘爱说教’。越是在年轻人的面前，越需谨慎，不能失分寸，甚至有必要把谨慎的程度上升到尊重的层面。从年长者口中说出的一句过激之言或不敬之言，只会让思想端正的年轻人非议。”

作者认为，人年纪越大越爱说话。即使是备受敬仰的人，若不控制自己对他人评论、指点的欲望，也容易被反噬。想改变这种倾向，需要耐心和修养。书中也提到，只有在你找到了比沉默更好的言语时，再开口说话。这意味着要学会放下“发言”的欲望，才是说话技巧的最高境界。适时地沉默、倾听和提问，才是最纯熟的提问技巧。

以“说话”作为职业的人，口才很重要。不是所有的人都需要具备好口才，因此审视自己说的话产生了什么样的影响很重要，要反思一下自己说的话是否守护了身边的人。随着年龄的增长，要掂量一下自己的言碗是否朝着正确、健康的方向发展，是需要补充还是清空。就像我们每年都要数一数脸上的皱纹一样，言碗也需要时不时地检修一下。

言语肩负的责任

本书是从“为什么即便我们已经上了年纪，却也不能把话说得得体呢？”这个问题开始的。俗话说“过了四十就要对自己的长相负责”，因为一个人的人格会通过表情留下痕迹。

言语也是一样的。随着经验的积累、阅历的增加，我们更应该对自己的言语负责。有人会用“不知情”当借口，有人会“明知故犯”。但是随着年龄的增长，以“不知情”为借口逃避的机会会渐渐消失。成为成年人意味着要对自己的言语负责任。

每段对话都有它们必须承载的责任。就算是基于“无奈”的交谈，也依然要承担责任。下面我们看两个“失败的对话”的例子。对话的目的消失，双方的心也越发遥远。

公司上下级的对话：

领导：“准备好我上次说的报告了吗？”

下属：“啊？我还没做呢。”

领导：“我都说几遍了？你要遵守时间啊！”

下属："对不起，我来找过您，想说明情况，您当时正好不在……然后……"

领导："你这是借口吗？"

母子间的对话：

母亲："你打扫房间了吗？"

孩子："还没。"

母亲："你看你，房间都乱成什么样了？这样子能学习吗？"

孩子："我自己会看着办的！"

母亲："你自己看着办就是这副德行嘛！"

孩子：（砰！）关门声。

我们来看一下，在上面的对话里谁的过失更大？谁应该对沟通失败的原因负责？在上下级对话中，是没有提前做好准备，只会找借口的下属呢？还是事前不确认，只会发威的领导呢？再来看看母子间的对话，本来只想让孩子打扫一下房间，却牵扯到学习用不用功的母亲错了呢？还是没好气地跟妈妈顶嘴的孩子错了？

事实上，对话失败的原因在于所有参与对话的人。在上述对话的情境中，上下级和母子都有责任。对话是来来往往的循环关系，不是一个人单方面影响另一个人的直线关系。即便是这样，人们也不愿在自己身上寻找原因，而是忙于把错误归咎于对方。

心理学用“话题延续性—句号原理”来解释这一点，在一个循环的人际关系中，许多因素是互为因果的，人们总将问题的症结归结于对方，并朝着对自己有利的方向画上句号。

例如，领导认为“下属没能把工作做好，理应发脾气”；下属则会抱怨“领导事前不操心，现在只会逃避责任，怎么可能办成事情”。母亲觉得“学习态度不端正，怎能把事情做好”；孩子则感觉“妈妈事事干涉，哪能集中注意力学习”。像这样，人们总是从自己的立场出发找一些理由，至少为自己逃避掉一半的责任。

《道路交通安全法实施条例》中明确规定，在未设置信号灯的交叉路口，转弯车辆应礼让直行车辆。万一发生交通事故，转弯车辆责任大于直行车辆。直行的车辆也同样承担一部分责任，直行车辆的责任虽小，但也会觉得冤枉，认为自己只是在正常驾驶，是转弯车辆不小心才导致事故发生的（殊不知对方也是这样想的）。但法律就是规定了，双方都负有责任。

亲密关系之间的对话就像没有信号灯的十字路口，没有“红灯”叫你暂停，也没有“黄灯”叫你小心，双方很容易在彼此漫不经心的状态下越线。一旦发生争吵，便会互相指责对方“我平时对你怎么样！你怎么可以这样？”“你怎么可以这么说！”之类的话。

虽然想避免一再发生类似的冲突很难，但你必须放下

“全都因为你”的心态，去思考自己应该负起什么责任。所谓成熟的成年人之间的对话是指，在“没有信号灯”的情况下也要懂得“礼让”，坚决不“越线”，就算发生了“事故”也不应该逃避责任。如果缺乏承担责任的意识，只想着怎么把责任推给对方，对话就会变成消耗战，关系就会越来越恶化。

责任感(Responsibility)是反应(Response)和能力(Ability)的组合，意为反应的能力。

对说出的话负责，意味着在人际关系中要对“什么可为，什么不可为”进行判断。心智不成熟的小孩子才会用“因为……所以……”的模式甩锅，才会把“全都是因为你”挂在嘴边。因为他们还不具备承担困难的能力和准备，只能把错误推给最亲的人。这也正是那些对自己的言语不负责任的人选择的本能，也是最容易使用的“技巧”。

但如果你把谈话录音放给他们听，或者让他们听听周围人的反馈，他们会说出“啊？我是这样说的吗？怪不得他会生气”“确实，应该从我开始做出改变”之类反思的话，从而开始努力做出改变。

当你能正确认识自己，对话发生冲突时能够承担一半责任的时候，对话能力才会发生变化。如果没有这个过程，只学习说话技巧的话，即使语气发生了变化，也只会让人觉得别扭。

精神分析学者艾里希·弗洛姆（Erich Fromm）在他的《爱的艺术》一书中质疑了现代人对爱情所持的几种态度，其中两种观点，格外令人印象深刻。

书中提出“大多数人认为在爱情中首先是自己能否被人爱，而不是自己有没有能力爱”，侧重点不在于我能爱对方多少，而是我怎样做才能让你更爱我。书中还假设“爱的关键不在于‘能力’，而在于‘对象’”，也就是说爱情失败了，是爱错了对象，不是自己爱的能力不足。

弗洛姆认为，所谓的爱情，就是培养一个人爱的能力，不应该受“对象是谁”这个条件的限制。一个人如果有足够的能力去爱人，他就可以把爱带给更多的人。因此，他不断提出诸如“爱情真的是一门技术吗？掌握了技术，它就会培养人爱的能力吗？”之类的疑问。

我相信这种现象同样作用于我们的“言语”上。

大多数人认为对话不是“理解对方”，而是“我被理解”。不去想我要怎样成为一个懂得倾听别人故事的人，怎样才能发现对方的魅力，而是把注意力放在“他怎么能对我说这种话？”“他怎么这么不懂我？”上。只在意对方说了什么，以及那些话如何伤害了自己。

并且，人们把对话中出现的问题视为“对象”的问题，而不是“能力”的问题。认为对方是个特别挑剔的人，而且是有些神经质的人，所以才说不通。但实际上对话中出现的问题不是对象的问题，确实是能力的问题。如果你的言碗足够大，即使遇到不好说话的对象，也能将对话进行下去。具有对话能力的人实际上可以与不同类型的人沟通。

有对话能力的人会从更高的层面看待关系。他们懂得如何摆脱咬着对方语病斤斤计较的口水战，追寻隐藏在言语中的信息，发现不同的对话途径。能从更高的角度进行对话，而不是被言语埋没，一味地怪罪对方。即使遇到难缠的对象，也会努力不放弃对人的理解和关怀。

在要求被理解之前，用语言作为工具理解对方；在责怪对方的品德和性格之前，先反思一下自己的言碗是否能成为盛放这些东西的器皿。所谓“高水平”的言语，也许正是指能同时掌握“责任”和“理解”这两个规则的言语吧。

经营自己

为了培养一种能力，需要进行“积累相关知识、学习适当技能、调整态度”的综合训练。但遗憾的是，我们一向对“说话技巧”表现出了很强的求知欲，却对“说话的态度”不太在意。因为调整态度除了需要花费时间，还是一件让人很头疼的事。但是人们不注意说话态度，只掌握一些轻而易举就能获得的技巧的话，过不了多久，说话的方式最终还是会回到过去。

要想调整态度，需要先了解情绪波动的原理、思想的结构、对话者的心理机制。

在这个过程中，首先需要去拥抱和理解的人就是你自己。要想调整对人和言语的态度，要从自我反省和自我接纳开始。要想经营人际关系，要先从经营自己开始。想要具备坚不可摧的对话能力，要从自我反省和包容开始。要有一个理解自己和接纳自我的过程。只有如此，内心才能获得平静，此时的语言也才能具备不可撼动的力量。

一个无法接受自己真实面貌的人，因为没有勇气面对内心，说起话来就会含糊笼统。由于他们不善于处理感情，对他人的感情过于敏感，所以沟通时习惯于使用含混不清、拐弯抹角的方式。在看待事物时，还会因为压抑或过度夸大某些情绪而产生偏执。

凡是觉得自己“委屈”的人，就算是芝麻小事，也会产生“为什么只针对我”的感觉。因自艾自怜造成了对世界的否定和扭曲的认知，从而妨碍了与外界的深入交流。

在没有正确认识自己的情况下进行的互动，是难以长久的。因为自己不够强大，于是对话双方对彼此都抱有很大的期待，结果却往往让人失望，这种现象会导致自己的心情被对方左右。虽然能够做出决定，但现实中总是感到不安和不满意。因此，有时想巧妙地操控或利用他人。

过去未能解决的一直留在心里的问题，时不时便会跳出来制造一些麻烦。若不想被同样的问题困扰，就要正视并直面问题本身。如果因为害怕面对问题，一直在问题周围徘徊的话，反而会让伤害加深。人们容易把对现实的不满归罪于他人。但越是这样，对自己的失望和怨恨就越会随之滋长。

一个人若没能读懂自己、理解自己、与自己和解以及不会激励自己，就很难对他人持有宽厚的胸怀。

有些人每当看到事业有成的朋友，便会想起从小就被拿来做比较的哥哥而感到不舒服；有些人与母亲沟通时，总会想起儿时母亲忽视自己使自己感到孤独的记忆而感到生气；有些人遭受过背叛，而不敢和新朋友敞开心扉……之所以会发生上面的这些情况，是因为他们受伤的时候，没有充分地拥抱和安抚自己。面对不愉快的现实，应该分解情感并迅速地消化掉它。但跳过了这个步骤的人，纠结的情感仍旧存在内心中，所以言语也就被捆绑在那里了。

相反，那些积极地去理解和接受自己的人，会以极大的包容心和温暖的目光审视自己。一直自我反省的人，会觉得自己就算不完美，但也还不错。懂得用“前段日子很辛苦吧！真棒！虽然有后悔的地方和失误的部分，但那些也是我的一部分！一路走到现在，我真的辛苦了”之类的语句安慰自己。并凭此力量，交友结盟，过关斩将，一路向前。

每个人的人生都有自己的故事，你的人生有着怎样的故事呢？希望你把言碗里无数的回忆都翻出来看看，在阳光下晒晒，至于那些不想被触及的记忆，就让它们尘封着吧。一点一点地正视并反省自己后，你的心和言语必然有所改变。

这么做之后的你，将来能与更多的人建立更好的人际关系。因为那时的你会用曾经审视自己的镜子来映照别人，知道怎样用语言去安慰和拥抱对方。

听一个人说话，就能看出这人的人品。

要想理解他人，应从理解自己做起。

人际交往的 3 条法则

我的数学很差，不是我不够努力，只是获得的成绩与在数学上花费的时间不成正比。但有些同学和我不同，他们喜欢数学。他们说数学里藏有原理和规律，一旦理解了，就能应用到所有问题上，这也是数学的魅力所在。当时的我着实不理解。

虽然小时候的我没能理解数学的原理，但现在我对于人际关系方面，开始渐渐地产生了一些自己的想法。因为我隐约地知道了一些有助于理解他人的原理，就像数学公式一样，牢记这些原理，即使身处在无法沟通的人群中，它也能成为你的支柱。每当你的能力受到考验时，它会成为你一个小小的避风港。

第一条法则：人人都爱自己

人们有很多想拥有和守护的东西。比如家庭、金钱、名誉、健康等。但要问起建立人际关系时，最应牢记的是什么？那肯定是“人人都爱自己”这一条。即使没有人教，人们也会本能地朝着为自己辩护和保护的方向发展。

比如说，我们会说“大家不都是这么想的吗？”之类的话，拉拢人拥护自己的想法和立场。一方面表达自己的想法很普通也很普遍，正常人都会这么认为，另一方面却想营造“也就是我，才能说出这种见解”的印象，试图凸显自己的特别。人们擅长在这两种心态之间自由切换。

人们还喜欢说“我早就知道你会这样做”之类的话，因为人们想让他人觉得自己早已预测了一切，只是没有说而已。

吸烟对肺的危害，或交通事故增长率的统计，在我眼里只是数字而已。这种根本与我无关的态度和对待负面事物采取“事不关己高高挂起”的态度，是一样的道理。

人们对于自己选择做的事情，表现出来的态度是“我从一开始就喜欢这个”，对自己没有选择的事情，表现的态度是“我从一开始就不喜欢这个”。之所以会产生这两种态度，是因为无论什么事情，但凡与自己相关就很容易被记住，这种态度就是在这种心理作用下，产生的本能反应。

但是，这种有助于生存、支撑自信感、填充满足感的“自爱基因”，在人际关系方面偶尔会引发冲突。因为不管对方的意图如何，只要感觉是“对自己存在威胁”，防御系统就会自动启动。如果把同事出于爱护给予的忠告（可能平时关系一般，或是语气和表情不好）视为对自己的攻击的话，要么会质问对方“你怎么能这样说话？”，要么选择回避问题，逃离现场。

有些人的这种本能特别敏感，甚至会先发制人。例如，他们一旦感到不安，就会故意触碰对方的弱点，以显示自己的强大，又或者他们会采取故作强势的姿态保护自己的策略，甚至还有些人会因为害怕被指责和拒绝，而选择独处，彻底关闭掉与他人的“关系之门”。这种通过禁闭自己躲避危险的做法，其实也是一种下意识的反抗。

事实上，那些过分地炫耀自己、表现出没有必要的攻击性以及进行自我封闭行为的人，选择这种做法说不定是因为太爱自己了，只是为了努力保护自己而已。就像我在乎自己一样，每个人都在努力爱自己。在某种意义上说，这种行为是非常正常的。

越不理解对方的反应，越要看看他“现在在焦虑什么”。对方虽然没有明确表达出来，但他肯定是因为意识到了什么东西触动了自己，所以表现出了与平时不同的态度。

在对话开始之前，我们所能给予的关怀就是帮助对方恢复平静。有时可以问对方：“你看起来很不舒服，能告诉我原因吗？”如果不先去分析对方的反应，只是试图用言语压制他，那么对方强大的防御系统说不定会把你弹出去。

当然，你说出的某些话语可能是为了捍卫尊严、权威、面子和立场。

“你这是什么态度？”

“你是在教训我吗？”

“你知道什么？就喜欢出头！”

“（阴沉着脸）……才不是这样！”

“不用你管，我自己能处理！”

你做出防御对方也会跟着防御，说着说着对话就会变得激烈。此时，最重要的是要找到自己是因为什么感到不安而说出一些无心之言，做出过激反应。找到这个原因之后，仿照下面的例句，并要以对方能接受的口吻去沟通，才能切断防御的连锁反应。

“希望你能心平气和地讲一下。”
“我感觉你无视了我的意见，让我好难过。”
“先让我把话说完，好吗？”
“我现在不方便说。”
“请再给我一点时间。”

第二条法则：每个人都有各自的“小确信”

在我的另一本《孤独的我写给孤独的你》一书中，有这样一段内容。

在综艺节目《无限挑战》中“明秀12岁”那一集里，嘉宾们发生了争执。

他们要通过“手心手背游戏”选出一个人，但他们发现不同的地区“玩手心手背游戏”的口令不同。因此，产生了矛盾。

嘉宾郑亨敦说：“在我们釜山市南区龙湖洞的玩法是喊

‘黑—白（手背为黑，手心为白）’”。

嘉宾河东勋说：“你那是什么呀？我们首尔市龙山区东部二村洞的口令是‘黑白配（说口令前右手做拍击胸口动作）’”。

嘉宾郑俊河说：“你们说得都不对！我们首尔市冠岳区新林洞的口令是‘黑白黑白配’”。

嘉宾刘在石说：“我真是无语了，我们首尔市江北区水琉里的所有孩子直接喊‘不出是小狗，手心手背’”。

他们都坚信自己的口令是正确的。

到底哪个是正确的呢？

本是各自确信不疑的事，但在语言碰撞时产生了分歧，这种情况下就很难再听进去别人的意见了。

然而请各位务必记住，即使你嘲笑对方是信口开河，但在他生活的地区，那就是事实。

我们习惯用经验观察世界。也就是说，在各自的世界里经验是已经验证过的事实。小时候喊什么口令玩大的，长大了就认为自己喊的就是对的。并且从小就没听说过别的口令，过了几十年，突然莫名其妙地跳出一个人说“你的口令不对，我们用的口令才对”，试问有几个人会顺从地接受对方的观点呢？

无论对方是和蔼、温柔地说，还是强硬、恐吓地告知，几乎不会有乖乖接受这种说法的人。思想是沿着固定思维走向的，所以想换个角度思考也不容易。但是我们又时常会忘记这个规律，总觉得只要自己口才足够好，就有自信通过外力改变他人长久建立起来的信条。

奥地利精神病专家阿尔弗雷德·阿德勒(Alfred Adler)在《理解人性》一书中提到“人类总是从无数的经验中提取能够达到目的的方法。但是，所有经验都来自固定的行为模式，而这么做又会进一步固化行为模式。所以要想理解一个人，不能排除这个人的生长环境，人类的改变需要谦虚和忍耐。”

如果一个人的言语和行为是在从小到大的经历中建立起来的，那么时间越长模式就越固化。因此，不能为了把自己合理化，就试图指责对方，也不能把推卸责任的行为单纯地看成人格问题。要知道这其实是一种试图保护自己的行为，是为了不想偏离熟悉的轨道而发生碰撞的过程。

“每个人都有各自的确信”。这个法则告诉我们，要想让对方接受自己的观点，你必须先去接近对方所认知的事实。为了理解一个人，你必须同时接受孕育他一切认知的环境和根基。在给对方的脑海塞入自己的想法之前，先要了解对方生长的大环境，这样做才能发现引发对方过激反应的原因，同时也能了解到对方的需求、期待和目标是什么。

只有像这样一步一步靠近对方所认为的真相，你的言语才会一点一点触碰对方的心灵。

第三条法则：维系健康关系，需要“界限分明”

越是亲近的关系、每天都要相见的关系，维系起来越有困难。不知道是不是因为太熟悉，还是觉得理所当然，好多话都不假思地索脱口而出。那些没被“过滤”掉的言语残渣会堆积在对方的心里，久而久之会导致误会加深、积怨增多。这种冲突容易发生在夫妻之间、亲子之间、老友或要好的同事之间。

此时，对他们来说需要的是“距离”，一个不远不近、恰到好处的距离。

界限如果不分明，双方就会过分地干涉对方。事事都纠缠在一起，会产生义务感和疲惫感。如果再不懂得拒绝，私人领域都会变得模糊不清。随着时间的流逝，有些人的关系会变成“把应当感激的事情当成理所当然的事情，歉意和愧疚感越来越迟钝。做得好，得不到夸奖，稍有疏忽，就会挨骂”的关系。这种关系对某些人来说，似乎是一种无法打破的枷锁。

如果界限太分明，又会让人陷入孤独。因为收起了对对方的关心，与对方保持距离，心里持有一种“你是你，我是我”的心态，所以在自己受伤的时候是得不到安慰、帮助和协助的。就算物理距离很近，心灵得不到碰触，还是会寂寞，在冷淡中产生孤独感。其实只要回头看看，互相关心一下就可以。然而，人们却只想着从外部获得被关爱和被关心的需求。

人与人之间需要一定的界限，必须明确我要遵守的距离，和你能靠近的距离。相互很乐意和对方成为一体，必要的时候，以其他方式满足各自需求的关系，才是既遵守了安全距离，又不会向对方提出无理要求的关系。

人的一生要平衡两种力量。即个性(Individuality)和团结(Togetherness)。咨询治疗师琳达・卡罗尔(Linda Carroll)在她的《夫妻再爱一次》一书中，把人类需要的灵魂形容成了“善于结合的灵魂”和“善于保持距离的灵魂”两种类型。生活就是照顾这两个灵魂的旅程。唯有自己内心实现祥和平静，才能与对方和谐相处，只有保持适当的距离，内心才会有安全感，在与他人的关系中才能保持活力。

界限分明、健康的关系可以让人在“个性”和“团结”之间自由穿梭。这样的人会觉得一个人也行，两个人也挺好。他们与他人亲近时不迷失自己，分享快乐和悲伤的同时还能不背负其他感情，能够全力以赴地帮助对方。当别人对自己有不满的时候，不会马上责备对方，而是会思考原因。因为这样的人懂得界限在哪里，所以懂得退一步思考，而不是立刻被对方的气话所伤害。

“每个人都要建立界限分明的人际关系。”

这条法则能让人反思曾经为某人努力付出是出于什么样的心理。你向对方掏心掏肺后，又暗自期待些什么，对方没有做到从而导致独自失望？有没有因此很快就厌倦这段关系？又或者你是否根本没有努力去拉近两人的距离，只抱怨很受伤，然后说句“我本来也没期待你能做什么”转身而去呢？

人与人之间的距离太近就会产生分歧，距离太远就会疏远。无论是夫妻、父子、前辈与晚辈、朋友之间，都应当审视一下相互之间是否保持着适当的距离。不要因为我主动时，对方选择远离我而感到伤心。只有保持适当的距离，才能维持和谐的关系。尊重这一点，才能做到互相不放弃对方，彼此相处得更长久。

较劲的方式，共舞的方式

现代人维系人际关系的方式和电视里播放的摔跤运动差不多。摔跤运动中的两个人不是战友而是敌人，彼此比拼着力量和技术准备一决胜负，这种关系里只能有一个人得胜，另一个必定是失败者。

如果不较劲，双方像跳华尔兹一样携手共舞就好了。舞伴是同行者、并肩而行者。一方往前走几步，另一方就相应地往后退几步，一方向左，另一方就配合着向右，从而达到双方的平衡，其中一方做华丽的动作时，另一方就充当对方的重心支柱以防对方摔倒。如此这般配合，两个人才能在优美的旋律下，展现一场精彩的表演。

人群中，有些人用“较劲的方式”相处，有些人用“共舞的方式”相处。有人抱着“较量高低”的心态与人相处，还有人不想竞争，只想与人和平相处。以较劲的方式维系人际关系的人，总是把言语当“利器”，想通过挥舞这个利器让对方屈服。反之，以共舞的方式维系人际关系的人，会把言语当“指向标”，当作与对方一起走向同一个目的地所需要的工具。

你现在是以什么方式在维系人际关系？开会时、午间休息时、和家人或朋友沟通时，你所说的话是为了求生存还是求合作？你说出的话是让对方感到不安还是欣慰？

打磨言碗，就如同反思自己的内心。人活着，不一定非要受尊敬，不一定非要成为完美的父母，不一定非要有了不起的事业。但绝对不能忽视对自己言碗的打磨和重塑。因为只有意识到自己的内心需求，分析内心走向，并担起相应的责任，才是对自己最好的关怀。

澳大利亚的一名护士兼作家布罗妮·瓦尔(Bronnie Ware)在照顾弥留之际的晚期患者时，记录下了一些人生感悟，在她的著作《如果我过着我想要的生活》中写道：

“多年来给我带来伤害的那些言语，其实并不是出自说话的人，而是来自说话者的痛楚。说话难听的人在几十年前也曾是美丽而纯真的存在。曾经有一段时间，我觉得自己不爱某人，其实让我爱不起来或者让我憎恨的不是‘人’，而是让我受伤的言语或行为。每个人的心中都存有一丝纯真和善良，只是在经历了生活的锤炼后变得模糊不清罢了。”

不要把你仍记得的那些痛苦的话，当成针对你而故意说出的话，哪怕在你眼里明明就是这么回事，也要想得开。其实他们也像我们一样，在没有治愈自己的痛苦和创伤的情况下，与某人建立关系是有负担和恐惧感的。他们也和我们一样，也会因为想被人爱，或者以爱的名义脱口说出一些没有准备的话。

我们总是一而再，再而三地说错话。情感、思想和习惯明明都是自己的，却总是不受控制地制造一些麻烦。但是那些有言碗意识的人、停下来反思的人或有志于重头再来的人，可以一点一点地摆脱这些麻烦，渐渐地容纳他人和包容他人。

希望你的言语能让某人重新站起来，重新燃起斗志，能抚慰到某人，可以关爱他人。最重要的是，希望你能拥有守护你所爱之人的力量。

结束语

“言”由心生

不久前，在SNS上看到一篇题为“改变流浪者命运的小举动”的文章。一个住在美国新罕布什尔州的女士，在一家甜甜圈店里看到了一个无家可归的人，那个流浪汉攥着一美元，看起来是想要买东西吃，却犹犹豫豫。于是这位女士给他买了一份咖啡和甜甜圈，并与他攀谈了起来。流浪汉向她倾诉了自己因毒品毁了生活，以及母亲因癌症去世的故事。女士起身要走之际，他一边说着“很抱歉，写得不好”，一边在收据上匆忙地写了些什么递给了她。

收据上写道：“我今天本想结束这悲惨的一生。但幸好遇见了你，让我打消了这个念头。你真是一位心地善良的人，谢谢你。”

读完这篇文章，我认真地分析了这位女士。她在看到流浪汉的那一瞬间，没有无视自己内心所产生的怜悯之心，也许这份怜悯中还夹杂着恐惧和怀疑。但她还是从内心中找到了最强烈的同情感，并很有勇气地把它付诸行动。并且在倾听流浪汉的故事时，没有从自己的角度去评判，也没有以自己的人生模式为标准进行指责或忠告。她一定是认认真真地听完了流浪汉的故事，正是这种真诚和耐心感动了流浪汉。

当然，这不是鼓励你们都要大胆地靠近流浪汉。我们要做的是，学习那位女士所展示出来的勇气和温柔的一面，用来对待我们身边的人。如果这个故事能让你鼓起勇气面对上班很辛苦的丈夫说一句“我一直很感谢你对这个家庭的付出”，或者对成绩不好而伤心的孩子说一句“没关系”就足够了。

十几岁的我，言语之中充满了愤怒。也许是因为抛弃我的母亲，也许是因为平庸无能的父亲，还有可能是因为难以忍受的贫穷困苦的生活，我的言语总是具有攻击性。为了保护自己佯装强势，竖起浑身的刺，在这种唯恐别人看不起自己的心态下，心里很难生出温暖的话语。从不示弱，不去求人帮助的性格，让我一直挺胸抬头，虽然看起来像个成年人，其实说出的话始终还是太幼稚。

二十几岁的我，言语之中充斥着“追名逐利”。不仅好表现，而且毫不掩饰自己的欲求。为了赢得他人的认可，喜欢用言语来彰显和突出自己。但我不知道的是，这种为了引起他人注意力和凸显自我的言语是自私的，是没有考虑对方情感的行为。虽然不是有意伤害别人，但对方会因我而感到十分不适。

直到三十多岁，我才开始仔细琢磨我的言语，不再只说一些凸显自己的言语，而是仔细思考什么是我该说的话。随后，我领悟到了要少言多听，要花时间反思自己的情感和内心。懂得这个道理之后的我，越来越能自然地表达情感，越来越懂得包容。言语不再像从前那样夸张，说出来的话也让人感到舒适。当我开始改变后，周围的人也发现了我的变化，开始三三两两地靠近我。

如今我马上就要四十岁了。我的言语又会产生什么样的变化呢？不知不觉间我已经成了两个孩子的母亲。此时的我，最想做一名能用言语帮助他人成长的人，能用言语给予他人安慰和指引的人。

写这本书的时候，我的大儿子已经五岁了。最近他总爱冒险，脾气也涨了不少。不知道是不是因为突然多了一个弟弟，他的情感波动也很强烈。有一天，我和他懒洋洋地躺在床上，我在他耳边说：

“儿子，即使你在调皮捣蛋的时候，妈妈也是一直爱着你的。”

说完，儿子马上回答：

“谢谢妈妈。”

我完全没想到能听到这样的回答，说实话我甚至都不认为他能听懂我的话。但是，当时儿子的眼睛亮晶晶的，看得出他很安心也很快乐。

我心想：儿子大概会永远记住这句话，就算以后我不在了，他仍旧会记得妈妈爱他。

如今的我最希望的是，我说出的某些话能永远活在某人的心中。考虑到这一点，我更加注意自己使用的言语。当我想到孩子以后遇到挫折时，能回想起妈妈的话而治愈自己，就再也无法用言语来苛责孩子。同理，面对丈夫、母亲、朋友和同事时亦要如此。

言语是会生根发芽的。小时候的我没听过几句有意义的话。但是，没听过不代表我不会说，我没有任由自己成为一个心灵充满伤痕的孤独灵魂。虽然我成长得有些缓慢，但我在一点点地进步。我已经可以做到“从以我为中心的世界中抽身出来环顾四周”的程度了。现在我知道，应对生活中不断出现的挑战可以让言碗变得更坚固。我们每一天都要全力以赴地、尽职尽责地生活，因为我相信随着时间的流逝，我们的言碗一定会一点一点地“成长”。